Guía Completa del Border Collie

David **Anderson**

Datos de Publicación

David Anderson

Guía Completa del Border Collie – Primera edición.

Resumen: "Criar exitosamente un perro Border Collie desde cachorro hasta la vejez" – Proporcionado por el editor.

ISBN: 978-1-961846-81-4

[1. Border Collies – No Ficción] I. Título.

Este libro ha sido escrito con la intención de proporcionar información precisa y autorizada con respecto al tema incluido. Si bien se han tomado todas las precauciones razonables en la preparación de este libro, el autor y el editor rechazan expresamente cualquier responsabilidad por errores, omisiones o efectos adversos derivados del uso o aplicación de la información contenida en su interior. Las técnicas y sugerencias deben utilizarse a discreción del lector y no deben considerarse un sustituto de la atención veterinaria profesional. Si sospechas que tu perro tiene un problema médico, consulta a tu veterinario.

Diseño por Sorin Rădulescu

Primera edición en español, 2025

ÍNDICE

CAPÍTULO 1
¿Qué es un Border Collie?

Si alguna vez has visto un perro en un anuncio de televisión, existe una gran probabilidad de que haya sido un Border Collie. O, si has observado competiciones de pastoreo, probablemente hayas visto a un Border Collie controlando el rebaño. Ante todo, los Border Collies son pastores de ovejas. Pero cuando no están trabajando, pueden ser excelentes compañeros. Son enérgicos, juguetones y extremadamente inteligentes. También son sensibles, cariñosos y adorables. Aunque esta raza sigue siendo vital para los ganaderos, en este libro nos centraremos en el Border Collie como animal de compañía.

Historia

Foto cortesía de Joe Rook

El Border Collie proviene de la frontera entre Inglaterra y Escocia. Aunque no se sabe con exactitud cuándo se utilizó por primera vez la forma temprana de esta raza, probablemente se les conocía como "perros pastores" debido a su función. En general, los perros de pastoreo se remontan a los tiempos bíblicos; aunque estos perros eran de diversas razas, probablemente fueron elegidos por su capacidad para ayudar al pastor a vigilar un rebaño más que por pertenecer a una raza específica. Estos perros fueron criados por su inteligencia y agilidad y no se parecen al Border Collie actual. Se cree que la formación del Border Collie surgió tras años de cría selectiva de perros con características útiles para crear el pastor definitivo. Pero, debido a que la producción de lana era tan importante para los británicos, podemos rastrear los primeros Border Collies —tal como los conocemos— en esta región, hace aproximadamente quinientos años.

A partir del siglo XVIII, encontramos más documentación sobre perros pastores que coinciden con la descripción del Border Collie actual.

Un tema común en estos documentos es la "mirada" del Border Collie, o la intensa fijación visual que poseen estos perros. Esta mirada es una característica distintiva de estos perros, que utilizan este gesto y su concentración láser para dirigir a las ovejas.

En algún momento, esta amplia clasificación de "perros pastores" se dividió en razas más específicas, según su uso en el campo. Los perros que eran mejores con el ganado vacuno recibieron una designación de grupo, así como los perros que se desenvolvían bien con grandes grupos de ovejas recibieron otra. Muchas de estas razas ya no existen, pero el Border Collie prevaleció y adquirió mayor distinción alrededor de finales del siglo XIX.

En 1859, el Border Collie hizo la transición de ser estrictamente un perro de trabajo a ser también un perro de exposición. Con la creación de las pruebas de pastoreo, esta raza fue presentada al público general. La gente naturalmente se encariñó con este perro debido a su velocidad, agilidad, mente aguda y hermosa apariencia. Esta popularidad daría lugar a que la raza se refinara aún más, ya que los propietarios intentaban criar el ejemplar perfecto. Aunque estaban a punto de convertirse en mascotas, características como la "mirada" del Border Collie y una fuerte ética de trabajo seguían siendo muy valoradas.

Pero con la recién descubierta popularidad de la raza, surgieron preocupaciones sobre las características que se estaban incorporando en los perros mediante la cría. Naturalmente, los pastores querían que se criaran perros con las mejores características para el pastoreo. Por otro lado, los adiestradores tenían una idea diferente sobre lo que debía ser un buen perro de exposición. Mientras que a las ovejas no les importa lo bonito que sea un perro, la apariencia es crucial en el ring de exposición. Algunos temían que las características de pastoreo fueran abandonadas por rasgos estéticos, debilitando el instinto superior de la raza.

A medida que el imperio británico se expandía a nuevas áreas del extranjero, también lo hacían sus perros de trabajo. La raza que una vez estuvo localizada en un área específica fue transportada por todo el mundo. El Border Collie apareció en los Estados Unidos a finales del siglo XIX y se volvió invaluable para los pastores. En Nueva Zelanda, donde las ovejas superan en número a las personas, siempre hay trabajo para un Border Collie. Recientemente, los pastores experimentaron con el uso de drones para pastorear ovejas como alternativa a los perros, pero descubrieron que no eran ni de lejos tan efectivos. Estos perros no se quedarán sin trabajo en un futuro próximo.

Afortunadamente, los Border Collies en ambos lados de la división pastoreo/exposición logran coexistir. No todos los Border Collies son iguales: algunos viven para trabajar con ovejas, mientras que otros prefieren la compañía humana. Para una raza singular, no existe necesariamente un estándar exacto al que aspirar, sino más bien una guía para la cría con un propósito específico. Incluso hoy en día, encontrarás que algunos perros se desempeñan mejor en los pastizales y otros son más adecuados para el hogar. Los pastores continúan criando buenos trabajadores según las características que valoran en un pastor. De manera similar, los adiestradores involucrados con los diversos clubes caninos crían perros para crear campeones. Al final, esta raza reconocible tiene la flexibilidad de vivir tanto en la granja como en el hogar, a través de la naturaleza y la crianza.

Apariencia

Los Border Collies presentan cierta variación en su apariencia, pero todos tienen algunas características comunes que los convierten en perros adorables. Debido a que estos perros todavía se utilizan comúnmente para cuidar del ganado, la cría por su apariencia preocupa menos, a no ser que los cachorros sean utilizados en exposiciones. Si bien es el trabajo de algunos Border Collies hacer trucos y verse bonitos, no todos encajan en esa categoría.

Los Border Collies son perros de tamaño mediano, lo suficientemente grandes como para imponer miedo en las ovejas, pero lo suficientemente pequeños como para ser ágiles. En promedio, este perro mide aproximadamente entre 45 y 56 centímetros de altura y pesa entre 16 y 23 kilogramos. Sus patas delanteras son lo suficientemente fuertes para soportar su peso corporal cuando se agachan, por lo que no se cansarán mientras trabajan, y sus patas traseras son musculosas y flexibles para impulsarlos hacia adelante. También tienen un pecho largo y profundo con amplio espacio para que los pulmones tomen mucho aire mientras corren. Cuando se les proporciona el ejercicio que demandan, los Border Collies no suelen engordar; deben ser anchos a nivel de los hombros y el pecho y estrechos en la cintura. Esta raza es esbelta y construida para la velocidad, pero lo suficientemente ágil como para caber en espacios estrechos y detenerse en seco. Esta agilidad es evidente cuando están trabajando con ovejas en un pastizal o cuando estás intentando atrapar a tu Border Collie suelto después de haberse soltado de la correa.

Es el pelaje donde existe cierta distinción entre los Border Collies de trabajo y los de exposición. Su tipo de pelaje puede clasificarse como áspero o liso. Por supuesto, es posible que pueda haber cualquier longitud o textura entre los dos tipos, dependiendo de los tipos que posean los padres. El tipo liso es corto y duro. Esto no es diferente al pelaje de otros perros de pelo corto, como el Labrador. Este tipo de pelaje es posiblemente el mejor para los perros de trabajo, ya que un estilo de pelo de bajo mantenimiento se adapta a la granja. Los Border Collies de trabajo necesitan poder correr sin que las plantas y los excrementos de animales queden atrapados en su pelaje. Si un Border Collie debe correr a través de zarzas, la variedad de pelaje suave saldrá sin enganches ni desgarros. Si este perro se ensucia, solo requiere un enjuague rápido antes de volver al trabajo.

El Border Collie de pelo áspero es el que más probablemente se vea en una exposición canina o en comerciales. Este perro tiene un pelaje largo y suave que puede ser liso u ondulado. Muchos Border Collies de pelo áspero tienen flecos en la parte posterior de sus patas y alrededor de la cara. Este tipo de pelaje no requiere un arreglo profesional, pero sí necesita un buen cepillado, o de lo contrario pueden formarse nudos y enredos.

Ambos tipos de pelaje tienen una capa interna y una capa externa. La capa interna es lo que protege al Border Collie de las duras condiciones climáticas. Los mantiene calientes en temperaturas frías y también los hace impermeables bajo la lluvia y la nieve. Crece gruesa y tupida en invierno y se adelgaza cuando el clima se calienta. Es entonces cuando el cepillado es más importante, o la capa interna que se está mudando no tendrá la oportunidad de liberarse y se formarán los nudos.

Aunque muchos Border Collies son blancos y negros, hay más variaciones posibles en la raza. Los Border Collies blancos, o aquellos con manchas blancas más prominentes, pueden ser preferidos como perros pastores porque son más fáciles de detectar en un campo. Además, sus marcas de diferentes colores les ayudan a destacar contra un fondo de ovejas blancas. Si bien los perros bicolores en blanco y negro —o blanco y marrón— son muy comunes, esta raza también puede ser de un solo color, tricolor o tener un patrón jaspeado. Azul, atigrado, gris y canela son otras posibilidades de color.

Características de comportamiento

Así como no hay un solo tipo o color de pelaje aceptable para el Border Collie, no existe una lista universal de rasgos de personalidad del Border Collie. Los rasgos de personalidad son el resultado de la cría y la socialización. Se necesita una comprensión integral de la raza para poder dominar ambos aspectos. Al igual que con la apariencia, los rasgos de personalidad que se adaptan a un propósito pueden no ser los mejores para otro. Los propietarios de ganado tendrán un conjunto de criterios diferente al que podría tener un entrenador de obediencia. Pero, en general, los Border Collies pueden ser extremadamente inteligentes, enérgicos, amigables y sensibles.

La inteligencia es quizás el rasgo más destacado del Border Collie. En el pastizal, este perro puede entender comandos específicos y responder en consecuencia. También sobresalen en competiciones de obediencia y carreras de Agility ya que pueden aprender nuevas habilidades rápidamente y responder a comandos desafiantes. Estos perros son tan inteligentes que pueden aprender un vocabulario bastante extenso y pueden identificar objetos por su nombre. Quizás el ejemplo más famoso de esto es Chaser, que conoce más de mil palabras. También son capaces de entender la gramática humana, pudiendo escuchar una oración con sustantivos, verbos y preposiciones, y responder al comando. Por ejemplo, un Border Collie muy bien entrenado puede escuchar el comando "Deja la pelota debajo de la mesa" y hacer exactamente eso.

Estos perros también son una fuente inagotable de energía. Originalmente criados para trabajar todo el día, los Border Collies rara vez son perezosos. Si no están reuniendo ovejas, te estarán rogando que les lances la pelota durante horas. Pueden perseguir pájaros y conejos en el patio trasero sin cansarse. Los paseos diarios son innegociables con esta raza. Requieren una caminata larga o una carrera corta solo para satisfacer las necesidades básicas. Junto con esta actividad, necesitan poder jugar. Aunque tu puedas pensar que has agotado a tu perro con un vigoroso juego de frisbee, estará listo para continuar después de un breve descanso.

Además de la energía física, tienen mucha energía mental. Ya sea que les prepares un rompecabezas para jugar o los lleves a un lugar nuevo con cosas nuevas para oler, necesitan ser continuamente estimulados mentalmente para evitar que se vuelvan locos de aburrimiento.

La sensibilidad también es importante para la raza. En pocas palabras, su sensibilidad les ayuda a percibir cosas que otros perros (y humanos) podrían ignorar. Esto hace que un perro parezca más intuitivo al realizar un trabajo. En la granja, un Border Collie sobresaldrá en el pastoreo si es capaz de escuchar los comandos de su amo, entender los deseos del rebaño y reaccionar en consecuencia para hacer que se comporten. En el ring de obediencia, puede ser más fácil entrenar a un Border Collie debido a que estarán ansiosos por complacer a su dueño. A veces, esta sensibilidad hace que parezca que un perro conoce lo correcto de lo incorrecto sin que se le hayan enseñado ciertas habilidades. Pueden identificar emociones en la voz y en el lenguaje corporal de su dueño. Otras veces, esta sensibilidad puede hacer que se muestren asustadizos si perciben algo inofensivo como una amenaza.

Especialmente los Border Collies que han sido criados para ser compañeros, son dulces y cariñosos. Es probable que un Border Collie se acerque a un extraño y le lama la cara. Están ansiosos por complacer y se llevan bien con los niños. Son capaces de ser excelentes animales de compañía y perros de apoyo emocional porque pueden captar las emociones de su dueño y estar disponibles para recibir mimos cuando sea necesario. Si está en el hogar adecuado, un Border Collie puede convertirse en un pequeño "perro velcro" que se pega al lado de su dueño y lo mira en cada momento. Llorarán cuando te vayas y te recibirán meneando la cola cuando regreses a casa.

No todos los rasgos comunes son positivos. Aunque tu Border Collie puede ser un arduo trabajador, también puede ser dominante en tu hogar. La determinación y terquedad que utilizan para conducir ovejas también pueden usarse para manipular a las personas. Este perro podría aprovechar la oportunidad para pastorear a los niños por el patio, mordisqueando sus tobillos. También puede lloriquear sin cesar hasta que lo dejes salir para perseguir a los pájaros, o ladrarte hasta que te muevas para que también él pueda sentarse en el sofá. Sin embargo, con suficiente trabajo, los comportamientos no deseados pueden corregirse.

¿Es un Border Collie adecuado para ti?

Algunos criadores y propietarios de Border Collies no creen que esta raza deba mantenerse como mascota. Esta idea generalmente proviene de propietarios que utilizan sus perros solo para el pastoreo. Ellos piensan que estos perros son tan enérgicos y responden tan positivamente al trabajo que simplemente no podrían estar satisfechos viviendo en una casa como mascota.

Claramente, esto es controvertido para los entusiastas del Border Collie. Decir que un Border Collie de ninguna manera pueda ser una mascota no siempre es preciso. En el hogar adecuado, un Border Collie puede prosperar. Después de todo, no todos los Border Collies son

*Foto cortesía de
Lynne Frater*

adecuados para trabajar como perros pastores. Algunos son demasiado tímidos para lidiar con animales grandes y ruidosos.

Los propietarios y criadores aciertan en los casos en que un posible propietario no está preparado ni es capaz de cuidar a un Border Collie de manera que le puedan dar una vida feliz. Los Border Collies necesitan trabajar, pero "trabajo" puede definirse libremente como cualquier cosa que le dé un propósito al perro. Si bien un perro estará satisfecho reuniendo ovejas todo el día, también podría encontrar propósito en jugar a buscar cosas o recuperar juguetes por su nombre.

Pero cuando se trata de llevar un Border Collie al hogar, un nuevo propietario debe ser muy honesto con su capacidad para cuidar de esta raza. Desafortunadamente, las personas compran esta raza porque son lindos e inteligentes, pero no tienen los medios para cuidarlos. Algunas veces se debe a que un perro fue criado específicamente para pastorear, pero el propietario solo dispone de un pequeño patio trasero y no tiene suficiente tiempo libre. Cuando las cosas inevitablemente salen mal, el propietario puede verse obligado a llevar a su perro a un refugio. Entonces el perro debe repetir el proceso de ser elegido para ir a un "hogar para siempre".

No es fácil decidir que quizás no estás listo para el perro de tus sueños, pero es lo mejor para ambos a largo plazo. Un buen propietario de perros puede ser honesto consigo mismo y decidir si su perro está viviendo la vida que merece. Puede ser difícil encontrar un nuevo hogar si las cosas no funcionan, pero es mejor que permitir que un perro desarrolle malos comportamientos porque necesita más de un hogar para siempre.

Primero, piensa en tus compromisos de tiempo. Si trabajas fuera de casa y pasas mucho tiempo lejos de tu hogar, debes encontrar una manera de sacar a tu perro para el ejercicio necesario. Este perro necesitará al menos un paseo largo al día, además de mucho tiempo para jugar. Deberías poder presupuestar al menos dos horas al día para centrarte únicamente en tu perro. Otras actividades de tiempo libre consistirán en lanzar ocasionalmente una pelota o acariciar a tu Border Collie mientras se acurruca junto a ti mientras ves la televisión. A este perro no le gusta ser ignorado.

A continuación, considera tu propia capacidad para hacer ejercicio con tu perro. Si bien los perros son una gran excusa para ponerse en forma, ambos van a ser miserables si no pueden hacer ejercicio moderado a extenuante de forma regular. Si no puedes o no estás dispuesto a dar un largo paseo en los días más fríos del invierno, podrías ser más feliz con una raza diferente.

Luego, considera tu motivación para trabajar en el entrenamiento. Si no te importa salir a correr dos kilómetros con tu cachorro, pero no tienes interés en el entrenamiento de obediencia, la relación no funcionará. Un Border Collie quiere aprender nuevos comandos y practicarlos regularmente, por lo que, si escatimas en el entrenamiento, tu perro no estará satisfecho. Un propietario de Border Collie no puede ser egoísta con su uso del tiempo.

Finalmente, piensa en tu espacio habitable. Un apartamento no es el mejor hogar para un Border Collie. Necesitan amplio espacio para estirar las patas. De manera similar, si vives en una casa sin un patio cercado, podrías tener un perro inquieto. Poder lanzar una pelota alrededor de tu patio te ahorrará pasar todo el día en el parque para perros solo para que tu perro queme la suficiente energía para que pueda dormir en la noche. La cerca es vital porque si tu aventurero Border Collie se escapa, no será fácil recuperarlo. Todo lo que se necesita es un auto o un conejo que cruce su camino, y se habrá ido. Si bien puede ser posible atender las necesidades de ejercicio de tu perro fuera del hogar, es mucho más fácil jugar y correr cuando no tienes que salir con la correa.

Por el contrario, a esta raza no le gustará quedarse afuera todo el día y la noche a menos que puedan seguir siendo el centro de atención. Aunque les encanta pasar tiempo libre en el patio, deambulando y explorando, son buenos compañeros porque les encanta socializar con las personas. Quieren sentirse incluidos en su familia humana. Un espacio al aire libre es necesario para un Border Collie, pero considera permitir que tu perro pase algo de tiempo de calidad dentro de tu casa con tu familia también.

Lo otro que podría ser perjudicial para tener un Border Collie feliz es la falta de conocimiento cuando se trata de cuidar a un perro. Afortunadamente, ¡hay toneladas de recursos disponibles! Las clases de entrenamiento son una excelente manera de aprender más sobre cómo adiestar a tu perro, además de tener un experto cerca en caso de que tengas preguntas específicas. Un veterinario también es una buena persona a la que acudir si estás preocupado por la salud de tu perro. Por supuesto, con suerte, cuando termines de leer este libro, te sentirás seguro de tu capacidad para cuidar de tu nuevo Border Collie. Un buen propietario de perros se esfuerza por educarse sobre las necesidades de su perro y busca ayuda cuando hay un problema. Cuando se trata de criar a un perro, los Border Collies no son la raza más fácil de manejar. Pero si tu hogar y estilo de vida pueden acomodarse a las necesidades de este perro, vale absolutamente la pena llevar a uno de estos encantadores y peculiares cachorros a tu hogar.

CAPÍTULO 2
Cómo elegir un Border Collie

"Las mejores características de un Border Collie son definitivamente su versatilidad y adaptabilidad. Un Border Collie puede trabajar con ovejas todo el día en el campo y luego, jugar suavemente a la pelota con el niño pequeño de la familia por la noche".

Josie Casebere

https://borderlinekennels.wixsite.com/mysite

Una vez que hayas decidido que dispones del tiempo y los recursos necesarios para cuidar de un Border Collie, es momento de pensar dónde deseas conseguir a tu perro. No existe una respuesta correcta cuando se trata de su procedencia, solo lo que sea mejor para ti y tu hogar.

¿Comprar o adoptar?

Deberás elegir si prefieres comprar tu nuevo cachorro a un criador o adoptar uno de un refugio. Ambas opciones tienen ventajas e inconvenientes, por lo que es recomendable que reflexiones y decidas qué es lo más importante para ti y tu familia en tu nueva mascota.

Si compras un cachorro a un criador de confianza, tendrás una idea bastante clara de lo que vas a obtener. Los buenos criadores reproducen perros con características deseables para transmitirlas a sus cachorros. Un criador puede informarte sobre rasgos específicos de personalidad y la apariencia física de los perros progenitores. De esta manera, no tendrás que adivinar cómo será tu perro adulto una vez que supere la etapa de cachorro.

Por ejemplo, podrías encontrar un criador que cría perros pastores. Podrá decirte que sus cachorros son ágiles, concentrados, sensibles y resistentes. El criador incluso puede mostrarte a los padres y demostrar que provienen de una línea de perros habilidosos. O podrías encontrar un criador que cría perros de exposición premiados. Estos perros podrían ser un poco menos intensos que la mayoría, ser sociables y tener una apariencia ganadora. Antes de comprar, decide qué estás buscando en un Border Collie para que tu dinero sea bien invertido.

Un buen perro no es barato. Los criadores pueden cobrar precios elevados ya que son expertos en lo que hacen, y el linaje del cachorro vale cada céntimo. Mil euros por un cachorro puede parecer exagerado para el dueño casual, pero para un granjero, el perro se pagará a sí mismo con trabajo duro. O si tu corazón está puesto en criar un perro campeón de exposición, quizás desees seguir esta ruta.

Otra razón por la que podrías elegir comprar un perro es la preocupación por la salud de tu nuevo compañero. Los perros pobremente desarrollados tienen más probabilidades de tener trastornos genéticos que puedan reducir su calidad de vida o acortar su esperanza de vida. Un buen criador sabrá cómo prevenir tales problemas, ahorrándote

*Foto cortesía de
Toni Harvey*

cientos de euros en atención veterinaria. Para algunos propietarios potenciales, el alto precio de un perro bien desarrollado en su genética se amortiza a largo plazo.

De manera similar, algunos propietarios pueden encontrar que es más fácil entrenar a un perro desde cero. Si vivieron en un hogar que no les proporcionó el adiestramiento y la socialización necesarios cuando eran cachorros, podría ser más difícil eliminar los malos hábitos. Por ejemplo, si un propietario anterior no enseñó a su cachorro cómo comportarse durante un paseo, el siguiente propietario podría encontrar imposible pasear a su Border Collie sin que persiga automóviles. Con un cachorro, puedes garantizar que tú eres la única persona que influye en su comportamiento.

Pero el mayor inconveniente de comprar un perro es ignorar a todos los buenos perros que necesitan un hogar amoroso. Esto es especialmente evidente cuando los perros se compran a criadores inexpertos o "de traspatio". No se debe apoyar a los negocios que solo crían perros para obtener beneficios, porque la oferta de perros mal criados perjudica la demanda de perros perfectamente buenos disponibles para adopción.

Es un error pensar que los Border Collies son llevados a refugios porque hay algo malo en ellos. De hecho, muchas descripciones en sitios web de adopción enfatizan que un perro en particular necesita un cierto tipo de hogar. Los Border Collies a menudo son abandonados porque el propietario no tenía los medios para cuidarlos desde el principio. Realmente, el problema suele ser el propietario anterior, no el perro.

Por supuesto, puede encontrar que un Border Collie fue abandonado porque no se llevaba bien con niños u otras mascotas. De nuevo, esto no lo convierte en un mal perro, sino en un perro que necesita un tipo específico de hogar. Algunos Border Collies pueden irritarse o mordisquear los talones de niños bulliciosos, o no disfrutan compartiendo a sus propietarios con otro perro. No hay nada malo en eso, ¡porque el mismo perro podría ser un verdadero ángel en un hogar sin niños ni mascotas!

Conocer la personalidad y la historia de un perro es una ventaja de la adopción. Debido a que el perro ya ha vivido en un hogar, el refugio tendrá una buena idea de cómo es. Como beneficio adicional, un refugio puede hacer coincidir tu estilo de vida con las características del perro para que tengas más probabilidades de encontrar tu perro perfecto.

Además, no se puede superar el precio de un perro adoptado. ¡Por solo unos cien euros, puedes recibir un perro castrado o esterilizado, con las vacunas al día e incluso con microchip! Esta es una buena opción si no deseas gastar tus ahorros en un cachorro y ya has presupuestado tu dinero para comprar su alimento y accesorios.

Algo que la gente no considera al comprar un nuevo cachorro es que los cachorros dan mucho trabajo. No solo hay que enseñarles a hacer sus necesidades, sino que a menudo muerden, ladran y hacen otras cosas que no deben. No todos los perros adoptados son perfectos, pero si puedes adoptar un perro un poco mayor, es posible que no tengas que despertarte cada par de horas durante la noche para sacarlo o limpiar constantemente charcos de orina. Los nuevos cachorrosson lindos y muy divertidos, pero un perro mayor es mucho más fácil de cuidar. Sin mencionar que los Border Collies son una de las razas raras que son igual de lindos, si no más, de adultos que de cachorros.

Otra cosa que un nuevo propietario puede no darse cuenta es que no siempre es fácil adoptar un perro. Un criador puede hacerte preguntas sobre tu hogar, pero probablemente no te hará una visita para inspeccionar la altura de la cerca de tu patio. Muchos refugios y centros de rescate de Border Collie harán que un nuevo propietario complete un cuestionario y negarán las adopciones a cualquier situación que consideren inadecuada. Esto es para asegurarse que un perro vaya a un hogar bien preparado y no regrese en unos meses por problemas. Puede

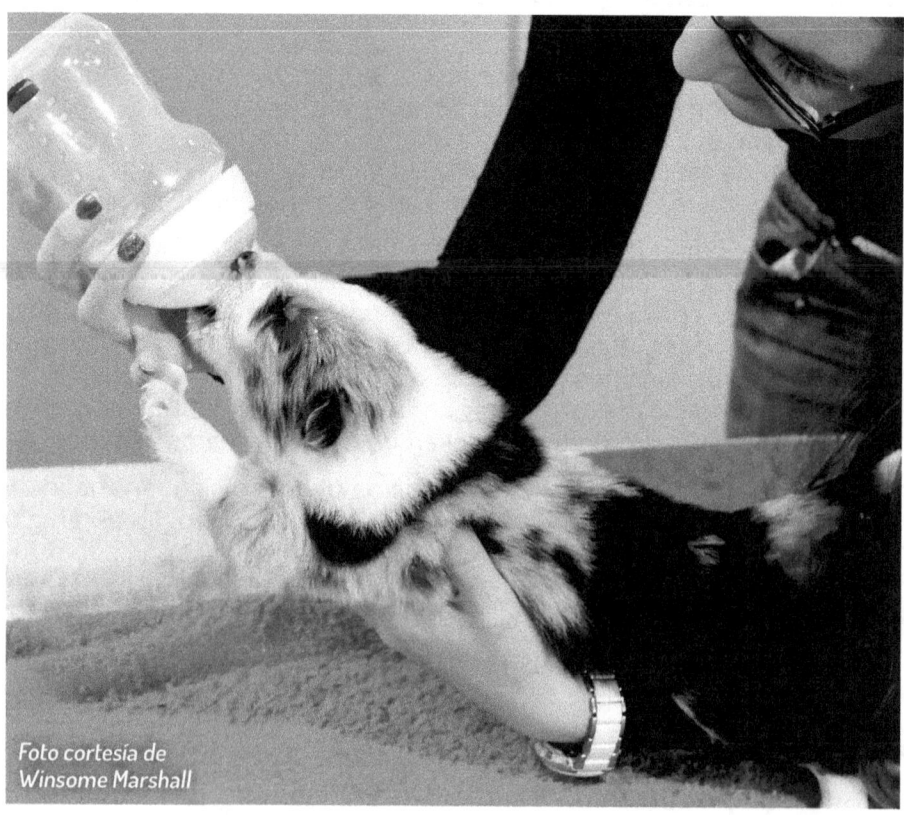

Foto cortesía de
Winsome Marshall

parecer excesivo requerir inspecciones del hogar, visitas de seguimiento y referencias, pero es lo mejor para el Border Collie.

No hace falta decir que la adopción es una gran opción porque proporciona un buen hogar a un perro que necesita amor. Puede ser difícil encontrar el Border Collie perfecto, pero existe uno ahí fuera; solo puede tomar algo de tiempo y esfuerzo encontrarlo.

Cómo encontrar un criador de confianza

Foto cortesía de Sara James

Si decides que prefieres comprar tu nuevo Border Collie, es importante encontrar un buen criador que conozca bien la raza. Muchos criadores reproducen Border Collies porque les apasiona mantener buenas cualidades genéticas en la raza y quieren asegurarse de que esos rasgos nunca se extingan. Otros criadores buscan una forma de ganar dinero, ya que los Border Collies son populares, lindos y buenos para hacer trucos. El primero es un buen criador; el segundo debe evitarse.

Una buena manera de encontrar un criador de Border Collie es hablar con otros expertos y propietarios. Veterinarios, adiestradores, clubes caninos y asociaciones cinológicas son buenos lugares para comenzar. Incluso si tu contacto principal no conoce a un criador, las personas del mundo canino generalmente estarán felices de ponerte en contacto con otros expertos que sí conocen. Incluso podrías visitar una exposición canina o competición para establecer contactos con otros propietarios y adiestradores de Border Collie.

Otra opción es realizar una búsqueda en Internet. El problema con esto es que una búsqueda arrojará muchos resultados y no todos serán buenos. Este camino requiere más trabajo porque tendrás que inspeccionar a cada criador individualmente para eliminar a los malos. Es fácil sentirse abrumado con la cantidad de opciones hasta el punto de renunciar a hacer una investigación cuidadosa y elegir al criador más cercano.

Las sugerencias de amigos y familiares también pueden ser útiles, pero ten en cuenta que no todas las recomendaciones serán buenas. Al aceptar referencias, ten en cuenta la fuente de la referencia y su experiencia relativa con los Border Collies. De lo contrario, podrías terminar comprándole un perro al amigo de un amigo solo para descubrir que los rasgos del perro no son ideales para tu hogar.

Además, si un criador está vendiendo cachorros nacidos de su perro pastor, procede con precaución. Si bien podrían criar excelentes pastores, a menos que planees pastorear con tu nuevo perro, probablemente estés mejor con un perro de exposición.

Cómo elegir un criador

"Escucha las recomendaciones de los criadores. Ellos conocen los temperamentos de los padres y han estado observando de cerca a los cachorros desde su nacimiento".

Karen Moureaux

www.bordercollie.tv

Ahora que has reducido tu búsqueda, es hora de examinar más de cerca a los criadores de tu lista. En general, estarás buscando un criador que sea abierto y honesto sobre su trabajo y transparente en sus prácticas. Un buen criador querrá aprender más sobre ti y fomentará una línea de comunicación durante el proceso de compra.

Ante todo, un buen criador debe ser un entusiasta del Border Collie. Deberías poder hacer cualquier pregunta sobre la raza y recibir una respuesta informada. Estas son personas que han estado trabajando con la raza durante años y tienen mucha experiencia trabajando con ellos y exhibiéndolos. Pide ejemplos de perros campeones o eventos donde los cachorros hayan tenido un buen desempeño. Algunos Border Collies sobresalen en competiciones de obediencia, mientras que otros son excelentes en deportes como el flyball. Dependiendo de lo que te gustaría hacer con tu Border Collie, puedes querer elegir un criador con cierto éxito en esas áreas.

La genética es una ciencia, y tu criador debe tener una buena comprensión de cómo se transmiten los rasgos de un perro a su descendencia. Asegúrate de preguntar sobre qué rasgos valoran en sus perros. Esto puede ayudarte a verificar su comprensión de la cría adecuada mientras te aseguras de que su perro sea el adecuado para ti. Un buen criador tiene cuidado de excluir rasgos no deseados y enfermedades genéticas en sus camadas.

También deberías poder visitar las instalaciones de tu criador, que generalmente están en su hogar. Durante tu visita, verifica que las áreas donde viven los cachorros estén limpias e higiénicas. Los espacios reducidos y sucios son una señal de que al criador no le interesa la salud de los cachorros. Un criador que se niegue a permitirte hacerle una visita puede estar ocultando algo.

Durante tu visita, querrás conocer a los padres de tu posible nuevo perro. Pasa algún tiempo con ellos y decide si poseen las cualidades que deseas en tu mascota. ¿Son amigables contigo? ¿Son receptivos y se portan bien, o son desobedientes, agresivos o asustadizos? ¿La perra está pariendo según una programación planificada, o está produciendo tantos cachorros como su cuerpo puede soportar? Si disfrutas estar con los padres, hay una buena posibilidad de que te gusten los cachorros.

No deberías ser el único que hace preguntas durante estas conversaciones. Un buen criador se preocupa mucho por el destino de sus cachorros. Al igual que haría un refugio, deberían hacerte preguntas básicas sobre tu experiencia con perros, especialmente Border Collies. Básicamente, quieren saber si tienes el espacio, el tiempo, el conocimiento y la energía para esta raza.

Si todo está en orden, ¡entonces es hora de elegir un perro! Si ves alguna señal de alarma durante el proceso de verificación, confía en tu instinto. No tengas miedo de pedir más aclaraciones si recibes respuestas sospechosas. Si no te sientes bien con un criador en particular, no tengas miedo de cambiar de opinión. Lo último que deseas es terminar con un perro que no funciona en tu hogar o contribuir a la sobrepoblación canina porque apoyaste un mal negocio.

Pruebas y garantías

Si has encontrado un buen criador, este debería proporcionarte pruebas de que su cachorro es de buena procedencia. Muchos estarán felices de proporcionar a los nuevos propietarios un certificado de pedigrí. Esta es la documentación que demuestra que tu perro proviene de una larga línea de Border Collies bien criados. También te podrían dar prueba de que los padres están registrados en asociaciones de clubes caninos.

Si estás comprando un Border Collie costoso, querrás pruebas de un veterinario de que los padres estén libres de condiciones genéticas. Problemas como la Anomalía Ocular del Collie y la displasia de cadera son comunes en esta raza, por lo que querrás asegurarte de que tu cachorro no sufrirá estas enfermedades.

Cuando se trata de tu nuevo cachorro, querrás algunas garantías de que estás recibiendo el producto que el criador anunció. Para cuando lo recojas, el criador ya debería haber llevado a la camada a una visita veterinaria. Durante esta primera visita, a menudo se desparasita a los perros, se les vacuna y potencialmente se les han quitado los espolones. Tu criador debería poder darte documentación de esta visita y la aprobación del veterinario de que tu perro está saludable para ser vendido.

A su vez, un criador puede pedirte que lleves al nuevo cachorro al veterinario, solo como una salvaguarda contra cualquier queja. No solo esto asegura que tu cachorro esté sano, sino que verifica la información que el criador te proporcionó.

Finalmente, asegúrate de que tu criador esté interesado en mantener una relación contigo y tu perro después de que se finalice la venta. Si algo no funciona con el perro, ¿te permitirán devolver su cachorro para un reembolso? ¿Serán una fuente de información y consejos cuando se trate de preparar a tu perro para clases o competiciones? Si es así, entonces tienes un buen criador en tus manos. Puedes recompensar su ayuda dando actualizaciones sobre tu cachorro y refiriéndolos a otros posibles propietarios.

Cómo elegir tu nuevo Border Collie

"Busca un criador que realmente trabaje con sus cachorros. ¡Hay un mundo de diferencia entre un cachorro de 10 semanas que ha sido criado en un granero y uno que ha sido bien socializado y con el que se ha trabajado DIARIAMENTE!"

Josie Casebere
https://borderlinekennels.wixsite.com/mysite

Aunque deberías tener una idea bastante clara de cómo será la camada, siempre hay una pequeña variación entre los cachorros dentro de una misma camada. Es fácil dejarse llevar por elegir al cachorro más lindo, pero la personalidad es más importante en una mascota. Busca un cachorro que no sea ni demasiado dominante ni demasiado pasivo. Lo que buscas es un cachorro curioso y juguetón, pero no agresivo. Un Border Collie tranquilo y feliz es bueno, pero no querrás uno que sea demasiado tímido o asustadizo.

Cuando se trata de elegir el sexo, no hay una gran inclinación hacia un lado u otro. Los machos tienden a madurar más lentamente y pueden ser un poco más bulliciosos que las hembras, que generalmente se calman antes. Los machos también pueden sentir la necesidad de marcar su "territorio" más que las hembras. Pero una vez que los cachorros son esterilizados o castrados, la brecha entre los comportamientos de los sexos se reduce. Si te preocupan los rasgos inherentes a los diferentes sexos, considera centrar tu atención en los rasgos individuales del cachorro.

Si todavía no estás seguro de qué perro elegir y confías en tu criador, pídele su opinión. Han manejado muchos cachorros a lo largo de su carrera; después de conocerte mejor, deberían poder emparejarte con el cachorro adecuado.

Consejos para la adopción

Hay muchas formas de encontrar el Border Collie adecuado para adoptar, pero generalmente se requiere paciencia. Si tu corazón está puesto en un perro de pura raza con un tipo o color de pelaje específico, es posible que tengas que esperar un tiempo hasta que el adecuado caiga en tus manos.

El lugar más común para adoptar es en un refugio local. Sin embargo, debido a que perros de todas las razas son llevados al mismo lugar, puede tomar algún tiempo antes de que aparezca un Border Collie. Si no quieres esperar y no te importa que tu cachorro sea local, hay sitios web que recopilan información de un gran número de refugios para que puedas encontrar el perro de tus sueños en algún lugar del país. Si no te importa conducir una distancia considerable para recoger a tu cachorro, esta es una buena opción.

Otro lugar donde puedes adoptar un perro es en un centro de rescate de Border Collies. Estos son refugios que solo atienden a esta raza. Puedes tener mayor dificultad para adoptar uno de estos perros ya que tienen estándares altos para los nuevos propietarios. Mientras que un refugio general de perros puede tener un cuestionario no específico, un centro de rescate de Border Collies se asegurará de que tú seas apto para adoptar un Border Collie. Algunos de estos lugares incluso pueden hacer que completes un cuestionario antes de que puedas ser emparejado con un perro para evitar que un nuevo propietario solo vaya a "mirar sin comprar". Estos voluntarios pasan mucho tiempo en los centros de rescate y llegan a conocer las personalidades y desafíos de los perros.

Cuando creas que has encontrado un perro adecuado para ti, es hora de visitar al Border Collie. Tómate suficiente tiempo para presentarte lentamente al perro y conocerlo. Pregunta si puedes llevarlo a caminar o lanzarle una pelota para conocerlo un poco mejor. Si tienes niños, llévalos para una visita. Asegúrate de que la experiencia sea positiva y no estresante para el perro. Si quedas encantado después de la primera visita, no te apresures a comprometerte. Es difícil saber cómo será vivir con un perro después de una visita rápida en su territorio.

Una visita al hogar es el siguiente paso importante. Esta es una forma de probar al perro en tu hogar, y para que el perro te pruebe a ti. Es natural que un Border Collie se muestre un poco escéptico en un lugar nuevo. Pero si el Border Collie está razonablemente tranquilo, curioso y juguetón durante la visita al hogar, es buena señal de que las cosas van a funcionar. Esta visita también es importante para asegurarse de que el Border Collie se lleve bien con cualquier otra mascota o niños que vivan en el hogar. Si el Border Collie es agresivo con las mascotas o con los niños, podría no ser una buena opción.

Si todo va bien, entonces es hora de adoptar y llevar a tu Border Collie a casa para siempre. Manténte en contacto con el refugio o centro de rescate durante la primera semana en casa. Desafortunadamente, pueden surgir problemas, y es importante tener apoyo disponible que te diga si el problema puede solucionarse o si el perro necesita regresar al refugio.

No importa cuán emocionado estés por introducir una nueva mascota en tu hogar, no apresures el proceso de elegir un Border Collie. Esta

*Foto cortesía de
Joe Rook*

raza no puede vivir en cualquier hogar, por lo que es importante ser honesto contigo mismo sobre lo que funciona y lo que no. Si bien gran parte del comportamiento de un perro se puede trabajar, hay algunos rasgos que solo causarán miseria tanto en ti como en el perro. La paciencia es un rasgo importante para el propietario de un Border Collie, y el proceso de compra/adopción puede ser una primera prueba importante como nuevo propietario. Investiga bien y, con el tiempo, encontrarás el perro perfecto para ti.

CAPÍTULO 3

Preparando Tu Hogar para Tu Border Collie

"Cuando añades un Border Collie a tu familia, estás añadiendo un nuevo mejor amigo. Adoran la compañía."

Josie Casebere
https://borderlinekennels.wixsite.com/mysite

El proceso de preparar tu hogar para tu nuevo huésped debe comenzar antes de tener a tu Border Collie en tu posesión. Cuando compras un cachorro, probablemente tendrás tiempo adicional para prepararte mientras tu cachorro aprende a vivir sin su madre. Si estás adoptando, puedes tener menos tiempo entre elegir un perro y llevarlo a casa. La preparación puede marcar una gran diferencia entre una transición tranquila o estresante, tanto para ti como para tu Border Collie. Por lo tanto, si estás pensando en adquirir un perro en un futuro inmediato, es bueno comenzar a prepararte mentalmente lo antes posible para no estar corriendo frenéticamente por tu hogar intentando que todo sea perfecto para tu nuevo perro.

Preparando a los Niños y Otras Mascotas

Los Border Collies generalmente se llevan muy bien con los niños y suelen ser buenos con otras mascotas. Pero una situación nueva puede cambiar cómo piensa o se siente un perro. Los Border Collies pueden percibir el estrés en los humanos; así que si estás nervioso por su reacción con los demás miembros de tu hogar, él pensará que también debe estar nervioso.

Como propietario, siempre debes supervisar cuando tu perro esté cerca de niños muy pequeños. Si tu hijo no puede entender las señales de tu perro o seguir tus instrucciones sobre cómo comportarse cerca de un perro, es tu responsabilidad asegurarte de que nadie salga lastimado. No se puede culpar a un perro por comportarse como un perro, del mismo modo que un niño pequeño no puede ser responsable de sus acciones si no tiene la edad suficiente para comportarse adecuadamente alrededor de un animal.

Foto cortesía de
Yvonna Wain

Primero, habla con tus hijos acerca de cómo comportarse cerca de un perro. Con el tiempo, un Border Collie deberá ser capaz de correr por el patio con un grupo de niños ruidosos, pero para empezar, trata de que tus hijos se mantengan tranquilos y silenciosos. Con cientos de cosas nuevas y potencialmente atemorizantes sucediendo, un perro nuevo no necesita otra cosa de la que preocuparse.

Enseña a tus hijos cómo acariciar correctamente a un perro. Los Border Collies son perros resistentes, pero no les gustará que alguien esté tocando toda su cara o tirando de su pelaje o cola. Las caricias suaves en la espalda son buenas para comenzar. Para un Border Collie, una palmada en la parte superior de la cabeza puede parecer como si tu hijo estuviera tratando de empujarlo a una posición sumisa, y algunos perros no responden bien a eso. Con el tiempo, puedes hacer que tus hijos avancen a una palmada en la cabeza, pero solo una vez que el perro se sienta cómodo estando cerca de niños. Tu Border Collie también podría pensar que está por encima de tus hijos en la jerarquía, así que cuando sea el momento de entrenarlo, permite que los niños participen en el adiestramiento.

Debido a que los Border Collies son criados para pastorear, no te sorprendas si tu perro intenta reunir a los niños mientras corren por el patio. Él no lo está haciendo por malvado, pero ser perseguido y mordisqueado en el tobillo puede ser muy atemorizante para un niño y no ayudará a crear una relación positiva entre tu hijo y tu perro. Si tu nuevo perro parece ser particularmente agresivo, habla con tu criador o refugio acerca de él. Ellos podrán ayudarte a decidir si el perro no es adecuado para tu situación particular, o si es un problema que puede resolverse con adiestramiento. Un Border Collie joven podría no saber que lo que está haciendo no es necesario, así que si tu perro comienza a mordisquear y perseguir, dile un firme "¡No!" y deja de moverte. A medida que maduren, deberían aprender qué comportamiento es aceptable e inaceptable durante el juego. Pero si tu perro muestra tendencias de pastoreo, no significa necesariamente que no pueda vivir como mascota.

Lo más importante es asegurarte de que tus hijos entiendan las señales de advertencia de un perro. Los Border Collies son generalmente bastante gentiles, pero tienen bocas grandes y dientes afilados que pueden usar como último recurso. Los perros gruñen porque se sienten amenazados. La mayoría de la agresión proviene del miedo. Así que si tu hijo está invadiendo el espacio de tu perro y tu perro se siente amenazado, podría atacar al niño. El gruñido es una forma en que tu perro dice: "Por favor, retrocede, ¡estoy molesto!". No ignores estas señales, porque un Border Collie puede causar mucho daño a un niño pequeño si es provocado.

Puede ser más difícil aclimatar a tus mascotas para que acepten a un nuevo hermano o hermana. ¡No es como si pudieras advertirle a tu gato que sea amable con tu nuevo cachorro! Antes de llevar a tu Border Collie a casa definitivamente, trata de organizar un encuentro entre mascotas en un lugar neutral, como un parque o la casa de un amigo. Si eso va bien, intenta un encuentro en tu hogar. Algunas mascotas son muy amigables, pero se vuelven territoriales si sienten que su espacio está siendo amenazado.

Una vez que lleves a tu Border Collie a casa, la supervisión es clave. Asegúrate de que cada mascota tenga su propio espacio personal. Para un gato, podrías designar una habitación con una puerta para bebés para que el gato pueda evitar al perro si se siente amenazado. Si tienes otro perro, permítele tener su propia jaula o cama que esté fuera de los límites del nuevo perro. Nunca fuerces a los animales a estar juntos si no quieren estar juntos; solo estarás buscando una pelea.

Peligros Domésticos

Un escenario de pesadilla común para los dueños de perros es regresar a casa y encontrar que el perro ha accedido a algo que no debía. Si lo que tu Border Collie encontró fue un cubo de dulces de Halloween o un cojín del sofá, entonces estarás realmente en problemas. La mejor manera de preparar a tu perro para el éxito es asegurarse de que no haya nada dañino a su alcance. Desafortunadamente, es más fácil decirlo que hacerlo. Tu Border Collie inevitablemente se comerá un libro de bolsillo cuando esté aburrido; eso viene con la crianza de un perro activo. Pero hay algunas cosas en tu hogar que son más peligrosas que otras, por lo que es bueno saber cómo mantener a tu perro seguro.

Puede ser difícil no ceder ante las súplicas de tu perro durante las comidas humanas. Pero hay algunos alimentos que son mortales para los perros que las personas comen todo el tiempo. Probablemente todos saben que el chocolate es tóxico para los perros, pero no todos saben que las uvas (eso incluye las pasas), las cebollas, las nueces de macadamia, los aguacates y algunos sustitutos del azúcar pueden enfermarlos gravemente. Esto también incluye alimentos envasados y comidas que incluyen cualquiera de estos ingredientes. Un Border Collie probablemente no se enfermará tanto como un perro pequeño, como un Yorkshire Terrier, si come una sola uva o chispa de chocolate, pero es mejor evitar probar su tolerancia. De hecho, es una buena práctica de prevención asegurarte de que tu perro no coma alimentos humanos a menos que se le esté alimentando intencionalmente con un premio saludable. Esto significa que debes recoger la comida caída antes de que él lo haga.

Algo más que podrías querer vigilar son los objetos que puedan romperse fácilmente y ser ingeridos. Cuando están aburridos, los Border Collies se entretendrán de cualquier manera. Eso puede incluir masticar cualquier zapato que quedó fuera o destrozar un periódico. Esto puede ser molesto, pero generalmente es inofensivo. El problema surge cuando tu perro se apodera de algo lo suficientemente pequeño para tragarlo, pero lo suficientemente grande como para atascarse en su garganta. Algunos juguetes incluso encajan en esta descripción. Un gran masticador puede destruir un pequeño juguete de peluche en el tiempo que te toma perderlo de vista. Si una cantidad suficiente de

Foto cortesía de
Yvonna Wain

relleno o tela suave entra en su tracto digestivo, puede causar asfixia u obstrucciones intestinales. Si logras llevar a tu perro al veterinario antes de que se enferme gravemente, te costará algo de dinero que le saquen todas las golosinas prohibidas. En el mejor de los casos, el veterinario puede inducir el vómito. Pero si las cosas han viajado demasiado lejos en su sistema, la cirugía se vuelve necesaria. Si a tu perro le encanta jugar con juguetes de peluche, conviértelo un juguete "ocasional". Deja que tu perro tenga sus huesos para masticar mientras tú estás fuera y permítele jugar con los objetos más suaves y desgarrables cuando puedas supervisarlo.

Ningún propietario es perfecto y los accidentes ocurren, sin importar cuán vigilante sea un propietario mientras supervisa a su Border Collie. Estos perros pueden aprender lo que está bien y lo que está mal, pero eso no significa que no sean capaces de romper las reglas cuando te des la vuelta. Antes de llevar a tu perro a casa, ubica al veterinario de emergencia más cercano y guarda su información de contacto. Tener un número de teléfono y una dirección guardados en tu teléfono puede hacer que una situación aterradora sea mucho menos aterradora, y el tiempo que ahorres puede marcar una gran diferencia en la salud de tu perro si accidentalmente come algo que no debería.

El Hogar Exterior de Tu Perro

Tu Border Collie pasará mucho tiempo en tu patio trasero, ocasionalmente sin supervisión. En un día agradable, es estupendo sacar al perro de tu camino mientras aspiras su pelo dentro de la casa. Pero el exterior también tiene peligros a tener en cuenta. Estos perros tienen una habilidad para meterse en problemas antes de que puedas detenerlos.

Antes de llevar a tu perro a casa, necesitarás instalar una cerca sin espacios. Una cerca de 1,8 metros es ideal, y algunos refugios ni siquiera te permitirán llevarte uno de sus Border Collies a casa sin una. Una puerta de alambre los mantendrá dentro, pero es mejor optar por un material que no permita que tu perro tenga visibilidad completa del vecindario. Algunos Border Collies han renunciado a su trabajo de pastoreo a favor de una posición de perro guardián. Un poco de privacidad reducirá los ladridos y las provocaciones de otros perros o niños.

Los Border Collies son criaturas determinadas, y si quieren algo, lo conseguirán. Si guardas pesticidas, herbicidas o fertilizantes al aire libre, asegúrate de que estén en un cobertizo al que tu perro no pueda acceder. Un estante alto podría funcionar si está al aire libre, pero nunca

Foto cortesía de
Claire MacKenzie

subestimes la determinación de un Border Collie. Es imposible predecir qué les parecerá atractivo en un día determinado.

Además, querrás considerar las plantas que tienes creciendo en tu patio. Algunos perros ni soñarían con comer una hortensia, mientras que a otros les gusta pastar cualquier cosa verde. Hay muchas plantas que pueden enfermar a un perro si son ingeridas. Lirios, azaleas, poinsettias y begonias son solo algunas plantas comunes que se consideran venenosas para los perros. Una buena manera de prepararse para tu nuevo perro es investigar una lista completa de plantas venenosas para perros y asegurarse de que no estés albergando inconscientemente ninguna vegetación mortal en tu patio.

Algunos dueños de perros pueden salirse con la suya encadenando a su perro en el patio, pero esta no es una buena opción para un Border Collie. Los Border Collies necesitan mucho espacio para correr, mucho más de lo que una cadena permitirá. Podría ser bueno tener una atadura a la mano para tu perro en caso de que te encuentres visitando un lugar sin un patio cercado, pero no es un reemplazo de un espacio seguro para deambular.

Un Espacio para Tu Border Collie

Algunos propietarios optan por comprar una jaula o una cama grande para perros para su Border Collie. Cualquiera que sea el camino que tomes, necesitas tener un espacio en tu hogar que pertenezca a tu perro. Cuando un perro se estresa, es natural que quiera esconderse en algún lugar seguro. Cuando le permites ir a su lugar, le estás permitiendo relajarse sin ser molestado. Por ejemplo, si a tu perro no le gusta que le corten las uñas, podría escapar de tu alcance y acostarse en su jaula. O si tu perro tiene miedo a las tormentas, puede acampar en tu cama hasta que pase. Permítele tener este tiempo en un lugar donde se sienta cómodo, y no lo obligues a hacer algo que no quiere hacer.

Un espacio personal también es útil si tu Border Collie se emociona demasiado cuando llegan visitas o se vuelve loco cuando suena el timbre. Enséñale a tu perro un comando como "A tu cama" o "A la jaula" y haz que espere en su lugar seguro hasta que se haya calmado. De esta manera, no saltará sobre las personas ni ladrará a la puerta.

Si tu perro pasa mucho tiempo afuera, podrías incluso considerar un espacio exterior. Si planeas dejar a tu Border Collie afuera durante el día mientras no hay nadie en casa, dále un refugio en caso de clima inesperado. Una caseta con una manta dentro o una casa para perros puede darle a tu perro un escondite en caso de que cambie el clima. Pero siempre existe la posibilidad de que tu perro cave un agujero en un lugar sombreado en verano para refrescarse cuando hace calor. A los Border Collies les encanta estar afuera en todo tipo de clima, pero no te sorprendas si construyen su propio refugio.

Cuanto más te prepares para tu nuevo Border Collie, más suave será la transición. En los primeros días, haz todo lo posible para mantener todos los objetos masticables fuera de su alcance. Un Border Collie aburrido puede ser muy destructivo. Haz todo lo posible por supervisar a tu perro para ver cómo reacciona con otras mascotas y personas. Asegúrate de darle suficiente espacio si está estresado, pero también asegúrate de no darle demasiado espacio o se aburrirá y se sentirá solo. Mantener las cosas ordenadas alrededor de la casa y el patio dará sus frutos a largo plazo: ¡tendrás aún más limpieza que hacer cuando tu Border Collie entre corriendo a la casa, con sus patas todas embarradas y soltando pelo! Al menos de esta manera, no tendrás que lidiar también con zapatos mordisqueados y relleno de almohadas.

CAPÍTULO 4
Llevando Tu Border Collie a Casa

"El ejercicio, la estimulación mental, la socialización con otros perros y el tiempo compartido contigo son críticos para el bienestar y el desarrollo adecuado de un cachorro de Border Collie. Si falta alguno de estos ingredientes clave, el efecto eventualmente se manifestará en uno o varios comportamientos no deseables."

Dave Thomas

www.hollycreekbordercollies.com

Prepararte para llevar a tu nuevo Border Collie a casa es tan importante como preparar tu hogar. Recuerda, los Border Collies son perros altamente sensibles e intuitivos. Si perciben que tus niveles de estrés aumentan, podrían entrar en pánico. Mientras que algunos Border Collies disfrutan de las aventuras, otros son más tímidos y cautelosos. Sin importar cuál sea la personalidad de tu perro, seguramente sentirá curiosidad por cualquier cosa nueva o emocionante.

Ir a un nuevo hogar puede ser aterrador para un perro, independientemente de lo bien que hayas planificado su llegada. Manténte preparado para algunos llantos y nerviosismo. La primera noche en casa quizás no sea el mejor momento para organizar una gran fiesta con muchas personas desconocidas y ruido. El momento de presentar a tu Border Collie a amigos y familiares llegará más adelante.

Si te encuentras preocupado porque tu nuevo Border Collie no parece feliz en su nuevo hogar, recuerda que podría sentirse confundido. Si compraste el perro a un criador, estará lejos de su madre y hermanos por primera vez. Si adoptaste a tu perro, podría pensar que está siendo abandonado nuevamente. Con el tiempo, tu Border Collie aprenderá a amar su nuevo hogar. En este capítulo, aprenderás más sobre lo que necesitas hacer y qué esperar en los primeros días con tu nuevo Border Collie.

Las Primeras Noches

Prepárate para perder algo de sueño al comienzo de tu nueva aventura juntos. Los Border Collies son criaturas sociales y si tienes un pequeño "perro Velcro", podría llorar si no estás a la vista. Pero no todos los propietarios querrán que un perro duerma en su cama. Un Border Collie adulto ocupa mucho espacio en una cama, ¡especialmente cuando se estira sobre su espalda! Si tu perro muestra signos de ansiedad por separación —aunque tu estés justo al final del pasillo— quizás quieras mover su jaula o cama para perros a un pasillo, o incluso a tu habitación. A medida que se sienta más cómodo en tu hogar, puedes mover su cama a otro lugar dentro de la casa, especialmente si es un durmiente ruidoso.

Si tienes un perro joven con una vejiga en desarrollo, asegúrate de poder escucharlo por si comienza a quejarse en medio de la noche. De lo contrario, despertarás por la mañana con un charco y un perro muy incómodo. Si tu Border Collie tiene menos de seis meses de edad, puede tener dificultades para aguantarse durante toda la noche.

Foto cortesía de
Dee Klatt

Visita al Veterinario

Si aún no has elegido un veterinario, este es el momento de hacerlo. Afortunadamente, los Border Collies son tan comunes que sería difícil encontrar un veterinario que no tenga experiencia con esta raza. Pero si no sabes por dónde empezar cuando se trata de encontrar un veterinario, aquí hay algunos consejos para comenzar.

Quizás lo más fácil sea pedir recomendaciones. Si estás comprando un cachorro, pregúntale a tu criador dónde llevan a sus perros. Si tienes un criador de confianza, es muy probable que el veterinario que ellos eligen sea de alta calidad. Si estás adoptando un perro, pregúntale a los empleados dónde llevan a sus perros. Si estás en una situación donde puedas hablar con los antiguos propietarios, podrías decidir continuar llevando a tu perro al mismo lugar, ya que tu Border Collie estará familiarizado con la clínica y los empleados. Si todo lo demás falla, pide a un amigo en el área su recomendación.

Si tienes alguna preocupación sobre la calidad de una clínica en particular, una visita puede tranquilizarte. Si las instalaciones están limpias, parece estar bien gestionada, y los veterinarios y el personal de apoyo son amables y atentos con sus pacientes, entonces probablemente has encontrado el lugar adecuado. También podrías decidir si prefieres una clínica con quirófanos, laboratorio completo y servicios de emergencia, ya que no todas las clínicas tienen estas capacidades.

La primera visita al veterinario probablemente será estresante para tu Border Collie. Para disminuir la energía nerviosa en él, proporciónale mucho ejercicio antes de ir. Como irás descubriendo, un Border Collie cansado es un Border Collie que se portará bien. Lanza la pelota de un lado a otro en el patio hasta que tu perro esté jadeando fuertemente, luego súbelo al auto para su visita. Lleva muchas golosinas sabrosas y dáselas con frecuencia para que sepa que el veterinario no es tan malo después de todo.

Clases Básicas de Obediencia

Sin importar la edad o el nivel de habilidad de tu perro, querrás inscribir a tu Border Collie en algún tipo de clase de adiestramiento. Es bueno hacer esto de inmediato porque es un gran momento para que conozcas a tu perro y para que él entienda quién manda. Hay muchas clases que tienen cursos específicamente para nuevos cachorros. Allí te enseñarán cómo dar órdenes y le enseñarán a tu perro forma correcta de comportarse. Ambos se beneficiarán trabajando juntos durante un tiempo establecido cada semana.

Incluso si tu Border Collie es un adulto, existen cursos básicos de obediencia para perros de todas las edades. Si tu Border Collie ya conoce algunos comandos básicos, vale la pena revisarlos en un entorno de clase. Tu perro puede saber mucho, pero no está acostumbrado a recibir órdenes tuyas. Revisa los comandos antiguos en un ambiente positivo con un adiestrador que pueda darte consejos mientras aprendes más sobre las peculiaridades de tu nuevo perro.

Preparando los Suministros

Aunque puede llevar un poco de tiempo conocer las preferencias de golosinas y juguetes de tu perro, es una buena idea tener algunos suministros listos antes de llevar a tu Border Collie a casa. De esa manera, no tendrás que preocuparte por dejar a tu cachorro en casa mientras vas de compras para él. Ya sea que hagas tus compras antes de la llegada de tu perro o lo lleves contigo al viaje, aquí hay una lista de algunos artículos que querrás tener a mano en los primeros días.

Especialmente si tienes un cachorro, podría ser buena idea tener lo que es esencialmente un corralito o una barrera para bebés. Si te preocupa que tu nuevo perro tenga libre acceso a la casa, es útil establecer barreras para evitar que tu cachorro orine por toda tu alfombra cuando no estés en casa para supervisar. Solo ten en cuenta que encerrar a tu Border Collie en un espacio confinado durante largos períodos de tiempo lo volverá loco. Está bien mantener a tu perro en una parte de la casa durante períodos cortos de tiempo, pero asegúrate de que tu Border Collie tenga suficiente espacio para deambular durante el día. Coloca su jaula, su cama o ambas en este espacio designado. También querrás mantener los platos de comida y agua aquí.

A continuación, necesitarás un buen collar y una correa. Para empezar, elige un collar plano con hebilla. Más adelante, puedes decidir si deseas utilizar un arnés o un collar de adiestramiento diferente, pero el collar plano es apropiado para la mayoría de los perros. Mientras estés en la tienda de mascotas, haz grabar una placa con el nombre de tu perro y tu información de contacto. Elige una correa resistente de 1,2 o 1,8 metros para él. Las correas retráctiles son populares, pero no realmente apropiadas para un Border Collie. Estas correas están compuestas por un cordón delgado que puede romperse fácilmente si tu perro fuerte (y obstinado) decide lanzarse tras un automóvil. Además, es mejor practicar caminar con tu perro a tu lado, en lugar de que vaya

Foto cortesía de
Claire Mackenzie

por delante o por detrás. Una correa resistente con la que puedas controlarlo es una opción mucho mejor.

Para mantener a tu Border Collie entretenido, querrás algunos juguetes que puedan resistir la fuerza de su mandíbula. Un Border Collie puede destrozar un peluche en poco tiempo, así que no malgastes tu dinero llenando su cesta de juguetes con juguetes frágiles. Los masticables de nylon, cuero crudo y fémur de vaca son una necesidad cuando se trata de apaciguar a tu perro. Elige un masticable que no se astille ni se trague fácilmente y que sea lo suficientemente grande para que no se atragante. Cuando tu perro se sienta destructivo, un buen masticable preservará la cordura tanto del propietario como del Border Collie.

Los buenos juguetes pueden ser caros, pero durarán más que los juguetes blandos que serán fácilmente destruidos. Cualquier cosa hecha de cuerda o materiales similares es una buena opción. Y si todo lo demás falla, una lata de pelotas de tenis puede mantener a tu perro ocupado en el patio durante horas. Puedes comprar más juguetes a medida que veas lo que él prefiere, pero es necesario tener algunas opciones disponibles para mantener ocupado a tu nuevo perro.

Finalmente, querrás tener algunas herramientas de aseo a mano. Un cepillo de púas —y quizás un cepillo suavizante para los tipos de pelo áspero— mantendrá la capa superior brillante y sin enredos y evitará que la capa inferior se enrede. Un cepillo de dientes y pasta dental especial para perros son útiles para mantener los dientes blancos de tu Border Collie, frescos y limpios. Los cortaúñas son esenciales para recortes regulares y para cuidar las uñas partidas e incómodas. También es una buena idea tener champú suave para perros o toallitas a mano para cuando inevitablemente se revuelque en algo que no debería.

Foto cortesía de Sara James

Desglose de Costos para el Primer Año

El precio inicial de adquirir un Border Collie puede ser muy abrumador, especialmente para un propietario de mascotas primerizo. Aunque puedes sentir que estás vaciando tu cuenta bancaria en tu perro, recuerda que hay muchos costos iniciales. Si bien algunos artículos, como la comida para perros, deberán comprarse regularmente, cosas como los cortaúñas deberían durar toda la vida de tu mascota. Por supuesto, el precio de los suministros para perros varía de acuerdo a la ubicación y la calidad de ellos, pero aquí hay una estimación aproximada de lo que costará cuidar a tu Border Collie en su primer año.

Primero, comencemos con el costo del perro en sí. Aquí, tenemos un rango muy amplio ya que hay diferentes vías para adquirir a tu nuevo mejor amigo. El costo más bajo de adopción es de alrededor de cien euros y el más alto para comprar un perro es de más de mil. Dependiendo de tu presupuesto general, esto podría marcar una gran diferencia en si un Border Collie es una opción asequible o no.

Cuando se trata de comprar los suministros enumerados en la sección anterior, estarás gastando alrededor de 200-400 euros por adelantado. Pero artículos como barreras, jaulas y suministros de aseo durarán mucho tiempo, por lo que probablemente no tendrás que pagar por estas cosas nuevamente.

A continuación, necesitarás comprar mucha comida y golosinas. En promedio, una bolsa grande de alimento para perros cuesta unos 50 euros. Dependiendo del peso de tu Border Collie, consumirá una bolsa grande en aproximadamente un mes. Entonces, en el transcurso de un año, puedes estar gastando alrededor de 600 euros anuales en comida. Las golosinas cuestan aproximadamente 3-5 euros la bolsa, y debido a que estarás adiestrando a tu Border Collie con frecuencia, necesitarás mantener bastantes en reserva. En un año, es muy fácil gastar casi cien euros solo en golosinas para adiestramiento.

Luego, tendrás que considerar las visitas al veterinario. Con suerte, tu perro estará perfectamente sano y solo requerirá un chequeo anual y vacunas según su calendario. Las vacunas del primer año, el examen, la prevención de pulgas y garrapatas, y la medicación contra gusanos del corazón podrían costarte alrededor de 200 euros.

Finalmente, si eliges inscribir a tu perro en clases de adiestramiento (lo cual deberías considerar seriamente), encontrarás que las sesiones básicas en grupo cuestan alrededor de 75 euros por una sesión de seis semanas. En el transcurso del primer año, puedes completar uno o dos cursos de adiestramiento, si no más.

Así que, al final del primer año de tu perro en tu hogar, no es inconcebible gastar alrededor de 1.000-2.000 euros, ¡sin incluir el precio de tu Border Collie! El precio de cuidar a un Border Collie es definitivamente algo a tener en cuenta antes de comprar o adoptar. Y esta es solo una estimación aproximada del cuidado básico. Si planeas adiestrar a tu perro para competiciones o tiene un problema de salud inesperado, este número podría aumentar dramáticamente. Esta cifra puede parecer desalentadora para un nuevo propietario de mascotas, pero recuerda, ¡un nuevo bebé peludo sigue siendo menos costoso que un bebé humano!

Toda esta preparación puede parecer abrumadora, pero vale la pena saber en qué te estás metiendo antes de llevar a tu Border Collie a casa. En cuanto a perros se refiere, esta raza requiere mucha atención, así como estimulación mental y física. Existen suministros económicos para perros, pero un Border Collie puede destruir una correa o un juguete para masticar frágil muy fácilmente. Escatimar en juguetes para masticar u otros métodos de entretenimiento te dejará con un perro indisciplinado. Y aunque las clases pueden sumar, el adiestramiento es vital para el bienestar de tu Border Collie. En resumen, este definitivamente no es un perro que pueda quedarse solo en casa todo el día y esperar que se quede quieto y en silencio. Nuevamente, la preparación es clave. Únete a un programa de recompensas de una tienda de mascotas y compra artículos cuando estén en oferta. Algunas tiendas incluso dan bolsas gratuitas de 2,5 kg de comida para perros para que tu Border Collie las pruebe. Abastécete de suministros como comida y golosinas cuando veas una oferta, y pasarás el primer año sin preocuparte por arruinar tu presupuesto.

CAPÍTULO 5
Entrenamiento de Baño y Crianza del Cachorro

"No esperes hasta que el cachorro tenga 6 meses para comenzar el adiestramiento. Empieza a entrenar y trabajar con él desde el primer día que lo recibas."

Karen Moureaux

www.bordercollie.tv

Los cachorros son indudablemente adorables, pero requieren muchísimo trabajo y atención. Un cachorro carece de la madurez mental de su contraparte adulta. Todo es nuevo para ellos, y no se puede esperar que entiendan el mundo humano y todas nuestras reglas cuando apenas están aprendiendo a ser perros. Al traer un nuevo cachorro a casa, prepárate para un año de extrema paciencia de tu parte. Tu Border Collie te pondrá a prueba e intentará ser más astuto que tú en cada oportunidad. Sé firme con él, pero no tanto que olvides ser amable y cariñoso con tu pequeño cachorro. Después de todo, estos perros son altamente sensibles y pueden distinguir la diferencia entre un propietario feliz y uno molesto.

Fundamentos del Entrenamiento para el Control de esfínteres

Cuando se trata de cuidar a un nuevo cachorro, quizás lo más importante que le enseñarás es cómo hacer sus necesidades fuera de casa. Cuanto antes lo logres, mejor. Sin embargo, se requiere mucho tiempo antes de que tu perro pueda aguantarse durante períodos prolongados. Afortunadamente, los Border Collies son inteligentes y están ansiosos por aprender, así que mientras estén contentos con el proceso de adiestramiento, deberían entender rápidamente lo que tu quieres que hagan.

En general, los cachorros pueden retener la orina durante una hora por cada mes de edad que tengan. Por ejemplo, un cachorro de tres meses puede aguantar tres horas antes de tener un accidente. Pero esto no es necesariamente el tiempo que aguantarán si sienten la necesidad.

Una vez que tu perro aprenda a controlar su vejiga, podrá comenzar a extender los intervalos entre las salidas al exterior.

Asegúrate de que sacar a tu perro sea lo primero que hagas por la mañana y lo último por la noche. Esto mejorará sus posibilidades de pasar la noche sin accidentes. Durante el día, saca a tu cachorro entre quince y treinta minutos después de beber agua y comer. Luego, deberá salir aproximadamente una vez por hora. Es posible que tu perro no haga sus necesidades cada vez, pero es mejor intentarlo que tener un accidente en casa.

Recompensando el Comportamiento Positivo

Foto cortesía de Dee Klatt

Cubriremos este concepto más a fondo en los capítulos de adiestramiento, pero es importante entender cómo funciona el cerebro de tu Border Collie antes de enseñarle a hacer sus necesidades afuera. Los Border Collies son buenos captando las emociones de sus dueños, pero no son lectores de mentes. Solo entenderán lo que se les enseñe.

El adiestramiento debe ser una experiencia positiva. Cuando hables con tu perro, utiliza una voz animada y entusiasta y usa palabras afirmativas. "Sí" y "Bien" son señales comunes para hacerle saber que está haciendo lo que tú quieres. Cuando tu perro haga sus necesidades afuera, siempre debes elogiar este comportamiento. Desde el momento en que se agache, dile "¡Buen perro!" Cuando termine, hazle todo tipo de elogios y caricias. Incluso puedes darle una golosina por el trabajo bien hecho.

Castigarlo por los accidentes no funciona. Cuando regañas y das palmadas a tu Border Collie por orinar en el suelo, él notará que estás molesto. Pero en lugar de enseñarle a no hacer sus necesidades en el suelo, le enseñarás que, si va a hacerlo en el suelo, es mejor que se esconda de ti.

Además, muchos propietarios no saben que la memoria de un perro no funciona de la misma manera que la memoria humana. Podrías llegar a casa después de un día de trabajo y encontrar un montón de excremento en el suelo. Tu primera reacción podría ser molestarte y regañar a tu perro. Algunos propietarios creen que si "les restriegan el hocico" recordarán lo que hicieron y sentirán remordimiento. Esto no es cierto. Tu perro no es capaz de conectar una acción pasada (defecar en el suelo) con una consecuencia futura (ser regañado y empujado). No es una buena manera de enseñar a un perro a hacer sus necesidades, pero sí es una buena manera de conseguir que te tenga terror. Las correcciones solo pueden ocurrir en el momento en que se produce el mal comportamiento. Si descubres el mal comportamiento después del hecho, tu momento de enseñanza habrá pasado, y es mejor limpiar e intentarlo de nuevo.

¿Dónde Ir?

Algunos propietarios de perros pequeños podrían permitir que sus mascotas hagan sus necesidades en almohadillas especiales o tapetes de césped artificial. Los perros pequeños generan menos desechos y a menudo viven en apartamentos o casas más pequeñas sin patio. Si bien puede funcionar cuando tu perro es pequeño, no es una gran opción para un Border Collie completamente desarrollado. Como probablemente tendrás un patio cercado, dispones de un espacio perfecto para enseñarle a tu perro a hacer sus necesidades. Las almohadillas absorbentes pueden ser útiles para absorber los desastres en la jaula, pero es mejor no darle a tu cachorro la idea de que orinar en la casa es aceptable. Recuerda, la consistencia es clave, incluso si significa que debes salir cada hora más o menos. Elige un lugar en tu patio para llevar a tu perro. Debido a que su sentido del olfato está vinculado con el impulso de hacer sus necesidades, no tendrás que esperar mucho tiempo mientras encuentra el lugar perfecto. No dejes a tu perro libre en el patio, asumiendo que hará sus necesidades y regresará a la casa una vez que haya terminado. Tu curioso cachorro podría olvidar a qué salió en primer lugar. Llévalo a su lugar designado, espera a que haga sus necesidades y regresa al interior cuando haya terminado.

Foto cortesía de
Yvonna Wain

Entrenamiento con Jaula y Control de Esfínteres

"Si no puedes mantener los ojos en el cachorro para asegurarte de que no vaya a cometer un error, entonces debe estar en una jaula hasta que puedas supervisarlo."

Maggie Pogue

M Bar M Cattle Dogs

En general, un perro no querrá ensuciar el espacio donde vive. Si tu perro está entrenado con jaula, evitará hacer sus necesidades dentro porque le resultará desagradable tener un desastre allí. Un corralito puede tener un efecto similar al de una jaula. Estos métodos de contención no solo mantendrán los desastres confinados a un área, sino que también pueden ayudar a enseñar a tu perro que el exterior es el mejor lugar para hacer sus necesidades.

En los primeros días, es posible que desees colocar periódicos u otros materiales absorbentes para facilitar la limpieza. Y si tu perro tiene un accidente, asegúrate de limpiar a fondo con productos especialmente formulados que eliminen el olor de los desechos. Los perros continuarán orinando en el mismo lugar si huelen cualquier residuo de su accidente anterior.

En Caso de Accidente

Si tienes suerte, sorprenderás a tu cachorro en medio de un accidente. Si esto sucede, trata de captar su atención. Un firme "¡No!" o una señal similar le ayudará a darse cuenta de que está haciendo algo incorrecto. Si es posible, lleva (o carga) a tu cachorro al lugar designado para hacer sus necesidades en el exterior y déjalo terminar. Si termina afuera, dale su recompensa.

Con el tiempo, comenzarás a reconocer las señales de que tu perro está a punto de ir. El olfateo excesivo y dar vueltas pueden ayudarte a darte cuenta de lo que tu perro está a punto de hacer. Capta su atención y llévalo rápidamente afuera. Si llegas demasiado tarde, elimina todos los rastros del olor e inténtalo de nuevo.

Manteniendo tus Expectativas

Al traer a casa un cachorro Border Collie, esencialmente has prometido darle a este perro de alto mantenimiento todo lo que necesita para ser feliz en tu hogar. Es fácil ser optimista acerca del tiempo que dedicarás a entrenar a tu perro, solo para volverte complaciente cuando las cosas se pongan difíciles y tu Border Collie ya no sea nuevo.

Piensa en cómo quieres que se comporte tu Border Collie en tu hogar. ¿Permitirás que tu cachorro se siente en el sofá, o preferirías que descanse en su cama durante las horas tranquilas de la noche? Tales cuestiones pueden parecer triviales pero podrían crear confusión en los perros. Por ejemplo, puedes decidir que no quieres que tu perro se siente en los muebles. ¡No hay nada de malo en eso! Pero el problema surge cuando permites que se acueste contigo en ocasiones especiales, pero no todo el tiempo. Los Border Collies son inteligentes, pero no tanto como para saber la diferencia entre una ocasión y otra. Gritarles por algo por lo que los recompensas en otras ocasiones puede crear mucha confusión.

Las reglas para un perro varían de un hogar a otro. Como propietario, debes decidir qué se tolera y qué no, y mantener esa postura. Puede parecer duro a veces, pero tu Border Collie será más feliz con un conjunto claro de reglas a seguir. La consistencia y la rutina pueden tranquilizar a tu perro, y es mejor comenzar con estas reglas en los primeros días.

Cuando se trata de enseñar a tu cachorro cómo comportarse en tu hogar, la supervisión es absolutamente necesaria. No puedes corregir a tu perro después del hecho; debes sorprenderlo en el acto para que sea un momento de enseñanza. En estos primeros días, es absolutamente imprescindible que siempre tengas un ojo puesto en él. De lo contrario, desarrollará sus propios malos hábitos, que serán más difíciles de corregir.

Cómo Entrenar con Jaula

El entrenamiento con jaula, cuando se hace correctamente, puede hacer que tu Border Collie se sienta más seguro y protegido en tu hogar. Una jaula, o perrera, no está destinada a ser una prisión para perros, sino más bien un espacio seguro para que tu perro se relaje. Los Border Collies pueden ser especialmente sensibles a estímulos abrumadores, por lo que es útil tener un lugar para que se relajen si se sienten al límite. Por ejemplo, si tu perro está aterrorizado por las tormentas eléctricas, puede retirarse a la jaula para calmarse.

Otro beneficio del entrenamiento con jaula es la facilidad para viajar en automóvil. Es extremadamente peligroso tener un Border Collie deambulando libremente en un vehículo en movimiento. En caso de accidente, tu perro se convertirá en un proyectil. Sin embargo, una jaula puede mantenerlo contenido y, cuando está correctamente asegurada, lo mantendrá vivo en caso de un accidente automovilístico.

También podrías decidir usar la jaula como la habitación de tu perro, un lugar para quedarse durante la noche. En los primeros meses, hacer que tu perro duerma en su jaula también puede reducir los accidentes nocturnos. O si esperas que alguien deje algo en tu casa y tu cachorro se vuelve loco al escuchar el timbre, podrías intentar mantenerlo en su jaula hasta que pase la situación para que no tengas la oportunidad de reforzar el comportamiento travieso.

Sin embargo, la jaula no es un sustituto de la supervisión. Un Border Collie necesita poder caminar, estirarse y jugar, incluso cuando no estés en casa. Un perro puede manejar períodos cortos de tiempo en una jaula, pero no toda una jornada laboral. Tampoco es para castigo. Un perro puede elegir si quiere tomar un "tiempo fuera", pero su dueño no debe empujarlo dentro por mal comportamiento. Esto hará que asocie la jaula con sentimientos negativos, lo que la haría inútil como lugar seguro.

Meterse dentro de una caja oscura podría no ser intuitivo para todos los Border Collies. Es mejor comenzar esta práctica de cachorros. Cubre el fondo de su jaula con algo suave y coloca una golosina dentro. El Border Collie naturalmente curioso querrá investigar. No lo empujes; si asustas a tu Border Collie, pensará que estás tratando de engañarlo para que haga algo dañino. Una vez que tu cachorro haya explorado la jaula, coloca su plato de comida dentro. Comer en la jaula ayudará a reforzar la idea de que la jaula es un buen lugar para estar. Luego, coloca juguetes para masticar en su interior e intenta cerrar la puerta delantera durante períodos cortos de tiempo. Si tu Border Collie permanece tranquilo, recompénsalo. Sigue practicando hasta que puedas salir de la habitación durante períodos prolongados de tiempo sin que él llore. La clave aquí es hacerle saber a tu perro que la jaula es un lugar agradable para estar y que siempre volverás para dejarlo salir.

Mordisqueos

Todos los cachorros necesitan morder. No solo es una buena manera de mantenerlos entretenidos, sino que los cachorros pasan por el proceso de dentición y necesitan una forma de hacer que sus dientes adultos atraviesen las encías. Tu cachorro morderá independientemente de si le das algo para masticar o no.

Te sorprenderás de lo que tu cachorro morderá si tiene la oportunidad. Patas de mesa, zapatos, zócalos y libros son objetivos válidos para un Border Collie aburrido o en dentición. Hundirán sus dientes en cualquier cosa disponible. Por esta razón, es mejor darles muchas opciones para sus necesidades de morder. Los juguetes para masticar vienen en todas las formas y tamaños. Para un cachorro pequeño, encuentra algo que pueda agarrar con la boca, pero nada tan pequeño que pueda tragarlo de un solo bocado. Cueros crudos, orejas de cerdo, juguetes de goma y huesos de nylon son buenas opciones, pero incluso estas cosas pueden causar malestar estomacal en el caso de que traguen grandes cantidades de estos artículos.

Incluso si compras muchos juguetes para masticar, tendrás que redirigir a tu cachorro hacia estos juguetes cuando tenga ganas de morder. Cuando lo sorprendas mordiendo un objeto prohibido, dale un firme "No" y reemplaza el objeto con un juguete para masticar. Cuando tome el juguete, díle "Sí" y elógialo. Si tu cachorro tiene dificultades para entender estas reglas, hay masticables para perros que contienen olores y sabores deliciosos. Esto podría ser suficiente para tentar a tu cachorro a elegir el hueso en lugar del zapato.

Foto cortesía de Shannon Treucker

Ansiedad por Separación

A los Border Collies les gusta pasar tiempo con sus dueños, por lo que es posible que tu cachorro se angustie cuando se quede solo. Cuando ocurre la ansiedad por separación, puede desencadenar muchos comportamientos negativos que tu Border Collie normalmente no mostraría. Los accidentes y la destrucción general aumentarán si tu perro está ansioso por tu partida. Cuando no se controla, la ansiedad por separación puede convertirse en una ansiedad más generalizada, que es difícil de solucionar. Los Border Collies son inteligentes y sensibles, lo que puede hacer que se preocupen más por tu ausencia que otras razas. Pero hay muchas cosas que un propietario puede hacer para minimizar la ansiedad relacionada con entrar y salir de la casa.

Aunque la mayoría de los propietarios son culpables de hacer una gran escena cuando llegan a casa, esto es algo que puede crear ansiedad por separación en un perro. A las personas les encanta cuando sus perros están emocionados de verlos y quieren amplificar este saludo, pero no es bueno para el perro. En cambio, es mejor no llamar la atención sobre tus idas y venidas. Tu Border Collie no necesita que le dés una despedida y un saludo dramáticos cada vez que cruza la puerta.

Otra cosa que puede aliviar la ansiedad por separación es asegurarte de que tu perro esté entretenido y reciba ejercicio adecuado antes de que tú te vayas. Si planeas pasar algunas horas fuera de casa, podrías ayudar a agotar a tu perro con una larga caminata o mucho tiempo de juego antes de irte. De esa manera, es más probable que duerma mientras no estes, en lugar de que entre en pánico porque no está seguro de si vas a regresar. De manera similar, si colocas algunos juguetes divertidos y masticables para tu perro, podría mantenerse ocupado hasta que regreses. Los juegos de rompecabezas son excelentes para los Border Collies y pueden rellenarse con golosinas sabrosas.

Si la ansiedad de tu perro no se alivia con ninguna de estas cosas, es posible que desees consultar a un veterinario. Él examinará a tu perro para asegurarse de que no tenga ningún problema físico. El veterinario podría recetar medicamentos, pero esto generalmente se hace en circunstancias extremas. De lo contrario, probablemente ofrecerán algunas sugerencias sobre cómo mantener a tu perro tranquilo basándose en lo que encuentre en su examen.

Escaparse

"Los Border Collies tienen un oído muy agudo. Han sido desarrollados para poder escuchar los silbidos de un pastor desde campos lejanos. Eso los hace más sensibles al ruido. Es posible que debas proporcionar atención reconfortante adicional durante tormentas, fuegos artificiales y durante la temporada de caza."

Josie Casebere

https://borderlinekennels.wixsite.com/mysite

Un perro nuevo puede no entender el mundo fuera de su casa e ignorará todos los peligros que presenta. Por esta razón, debes ser muy cauteloso al dejar salir a tu perro de la casa sin correa. En un mundo ideal, se podría confiar en que los Border Collies caminen sin correa sin preocupaciones. Pero mientras que tu pequeño cachorro puede ser fácil de atrapar si se te escapa, pronto será capaz de superarte corriendo. Y una vez que los instintos de pastoreo de tu Border Collie se activen, saldrá volando por la calle tratando de perseguir automóviles. Hasta que tu cachorro haya dominado la orden de venir cuando se le llama, es mejor mantenerlo con correa. Los accidentes pueden ocurrir, así que protege a tu mascota manteniéndole una placa de identificación en todo momento y colócale un microchip. No asumas que tu Border Collie volverá a casa después de deambular por el vecindario.

Hora de Dormir

Mientras que un perro adulto podría estar bien deambulando por la casa durante la noche, es mejor mantener a un cachorro contenido. A menos que quieras despertar con charcos escondidos y muebles mordidos, es buena idea encontrar un lugar para que tu cachorro duerma mientras tu duermes. Si tu cachorro está en una jaula, simplemente cierra la puerta y déjalo dormir. Si tu perro duerme en una cama, considera ponerla en un corral para mantenerlo dentro de un espacio confinado.

Recuerda que los perros no siguen el mismo horario de sueño que las personas. Mientras que los perros duermen aproximadamente la mitad del día, lo harán por turnos. Así que durante las ocho horas que tu duermes, tu perro pasará parte de ese tiempo despierto. Si un cachorro aún no ha aprendido que la noche es tiempo de silencio, inevitablemente llorará porque tenga que hacer sus necesidades o simplemente porque esté solo o aburrido. Si escuchas estos llantos y sacas a tu perro, asegúrate de no recompensar sus gemidos con tiempo de juego. Colócalo de nuevo en su jaula o corral, y vuelve a dormir. Eventualmente, tu perro llegará a entender que sus humanos también necesitan descansar.

Dejando a tu Cachorro Solo en Casa

Incluso si tu perro no parece estar sufriendo de ansiedad por separación, algunos de los mismos conceptos se aplican para cualquier Border Collie. Si estás fuera de casa durante la jornada laboral, aún debes asegurarte de que se cumplan sus requisitos de ejercicio y de entretenimiento. Un buen paseo por la mañana preparará a tu perro para el éxito. Cuando salgas, asegúrate de que todas tus pertenencias personales estén fuera de su alcance y que haya muchos juguetes seguros cerca. También puedes decidir contratar a un paseador de perros o cuidador para que revise a tu cachorro a mitad del día. No solo es un gran ejercicio para él, sino que le da la oportunidad de hacer sus necesidades afuera.

Si tienes dificultades para evitar que tu cachorro haga un desastre mientras está solo en casa, considera una guardería canina. Puede ser costoso, pero es más barato que reemplazar todos tus muebles y alfombras. Estas guarderías permitirán que tu perro juegue con otros en un entorno supervisado. Para un propietario de Border Collie, no hay nada mejor que recoger a un cachorro exhausto.

Dejar a tu cachorro en una jaula todo el día no es una buena opción y debe evitarse a toda costa. Un perro descuidado comenzará a mostrar problemas de comportamiento, lo que dificultará el adiestramiento. Los cachorros requieren mucho cuidado y atención durante su primer año de vida. Si no estás disponible para atender sus necesidades, es mejor contratar ayuda en lugar de ponerlo en una jaula todo el día.

Los cachorros Border Collie son una alegría, pero también pueden ser muy exigentes. Una vez que tu perro alcance la edad adulta, las cosas serán más fáciles. Desafortunadamente, los propietarios no pueden esperar hasta que sus cerebros se hayan desarrollado completamente para comenzar a enseñar buenos hábitos. Prepara a tu cachorro para el éxito eliminando cualquier cosa que lo meta en problemas. Luego, dalee toda la atención posible, incluso si eso significa contratar a alguien para que te ayude. La forma en que trates a tu perro durante su primer año marcará una gran diferencia en cómo se comportará en su vida adulta.

CAPÍTULO 6
Socialización con Personas y Animales

Si deseas que tu Border Collie pueda salir de casa, la socialización es imprescindible. Cuando pensamos en preparar a un cachorro para la vida adulta, solemos centrarnos en el entrenamiento para el control de esfínteres y en los trucos, descuidando el aspecto de la socialización. Sin buenas habilidades de socialización, descubrirás que tu Border Collie no sabrá cómo comportarse cerca de extraños y otros perros. Esto puede convertirse en un gran problema cuando quieras quemar energía en el parque canino, pero tu Border Collie se muestre reacio a jugar con otros perros o se agite ante sus intentos de acercamiento. La socialización puede ocurrir a cualquier edad, pero es mejor comenzar temprano. Cuando tu perro tenga entre tres y seis meses, comienza a trabajar en sus habilidades de socialización.

La Importancia de la Socialización

"Los Border Collies están desarrollados para tener un alto instinto de presa. Los Border Collies en realidad no están 'pastoreando' ovejas; más bien, las están cazando bajo el control del guía. Esto significa que podrían no llevarse bien con otros animales pequeños".

Dave Thomas
www.hollycreekbordercollies.com

Como orgulloso propietario de un hermoso perro, querrás llevar a tu Border Collie a todas partes contigo. Pero el mundo puede ser un lugar muy aterrador para un perro. Los Border Collies son especialmente propensos a las fobias a los ruidos, por lo que un sonido aterrador puede enviarlos a un estado de pánico. Siempre en alerta máxima, tu Border Collie notará todo lo que sucede a su alrededor, especialmente cualquier cosa nueva o amenazante.

Mientras nosotros sabemos que no hay nada peligroso en que unos trabajadores de la construcción techen una casa o un camión de basura retroceda, tu Border Collie no lo sabe. De manera similar, tu Border Collie puede amar a otras personas, pero temerá a cualquiera que no se parezca a las personas a las que está acostumbrado, como alguien sosteniendo un paraguas en un día lluvioso.

Y aunque un perro en el parque canino sea claramente amistoso y quiera perseguir a tu Border Collie, tu perro puede no saber cómo jugar con otros perros y puede inmediatamente voltearse sobre su espalda para rendirse. O puede acobardarse de miedo hasta que el amistoso can se rinda y busque otro amigo. Peor aún, tu Border Collie puede estar tan nervioso que arremete contra otros, mostrando los dientes y gruñendo.

Ninguno de estos escenarios es ideal si deseas que tu Border Collie tenga una vida normal y feliz. El miedo puede impedir que tu perro haga cosas que antes le encantaba hacer, como salir a pasear, jugar con otros perros o incluso salir para hacer sus necesidades. Un Border Collie no puede vivir una vida plena encerrado en casa todo el día. Por lo tanto, cuanto mejor socializado esté, más felices serán tú y tu mascota.

Foto cortesía de Vikky Stewart

Socialización con Otros Perros

En general, los Border Collies tienden a llevarse bien con otros perros, pero esta no es una característica natural en todos ellos. Aunque a tu perro le encante perseguir (y ser perseguido) por otros perros, puede llevar tiempo antes de que se sienta cómodo jugando con los de su misma especie.

Al comenzar con este tipo de socialización, busca un lugar donde tu perro pueda interactuar con otros, pero no se sienta abrumado por espacios cerrados o que haya demasiados perros. Un parque canino concurrido podría ser demasiado abrumador para empezar, pero quizás tu parque canino local no esté tan lleno temprano por la mañana. Si tu Border Collie puede olfatear con seguridad a un par de perros sin sentirse bombardeado, esta puede ser una buena manera de lograr que se sienta cómodo con otros. Las clases de adiestramiento canino son otra buena forma de permitir que tu perro esté en presencia de otros perros sin tener que preocuparte por navegar en las reglas del juego.

Cuando un perro quiere saber más sobre otro, olfatea su trasero. Para un humano, este comportamiento parece inapropiado, pero puede transmitir mucha información a un perro. No lo regañes por hacer esto, por el contrario, anímalo a saludar a otros. Olfatear la parte trasera de un perro les permitirá saber si están tratando con un macho o una hembra y si han sido esterilizados. Se cree que hay más información

Foto cortesía de Shannon Treucker

transmitida a través del olfato, pero los humanos no tenemos ese sentido lo suficientemente agudo para recopilar esta información.

Cuando tu Border Collie se sienta cómodo, iniciará el juego o permitirá que el otro perro lo inicie. Si la mitad delantera de tu Border Collie está baja hacia el suelo y su cola está en alto y meneándose, esto es una señal de que tu cachorro quiere jugar. Si se voltea sobre su espalda o mete la cola entre las patas, esto significa que no se siente cómodo con su posición en la manada y se está rindiendo ante el perro más dominante.

Manténte a distancia y deja que tu perro interactúe con otros. Si estás nervioso, tu perro lo percibirá y también se sentirá nervioso. Que estés demasiado cerca les da la sensación de que necesitan estar en guardia en caso de que algo malo suceda. Lo que quieres es que tu perro crea que no hay nada de qué preocuparse.

Si ves a tu perro mordiendo ligeramente el cuello de otro perro, esto no necesariamente significa que él esté siendo agresivo. Los perros usan sus bocas para jugar, así que lo que estás viendo es una invitación a jugar. Los perros se comunican a través de señales no verbales, por lo que tu perro está recopilando información sobre quién es dominante y quién es sumiso mientras interactúa con otros perros.

Si tu perro se asusta seriamente, no lo obligues a permanecer en una situación de la que quiere salir. Gruñir y chasquear son señales de que necesitas separar a tu perro de los demás. Una experiencia traumática puede hacer que tu Border Collie tenga miedo de los perros durante bastante tiempo, por lo que es importante estar atento a estas señales y permitir que tu perro tome algo de espacio si es necesario.

Una vez que tu Border Collie se sienta cómodo alrededor de algunos perros conocidos, puedes trabajar para que conozca perros nuevos de todos los tamaños. El objetivo es que tu Border Collie esté tranquilo y cómodo alrededor de cualquier perro que pueda encontrar. Y es una ventaja adicional si tu perro puede gastar toda su energía persiguiendo perros en el parque.

Saludando a Nuevas Personas

Así como los Border Collies tienden a llevarse bien con otros perros, también son excelentes con las personas. Tu Border Collie probablemente será el primero en saludar a un extraño con un meneo de cola. Probablemente no tendrás que preocuparte de que tu perro sea tímido con personas nuevas. Viven para recibir atención y quieren todo el amor y afecto que puedan obtener.

Sin embargo, esto no significa que no tendrán cierta cautela al conocer nuevas personas. Los Border Collies pueden ser suspicaces ante cosas nuevas que nunca han experimentado antes. Por ejemplo, si tú eres una mujer pequeña y tu perro ha pasado tiempo con otras personas como tú, se acostumbrará a la idea de que todas las personas se ven y suenan como tú. Pero si un hombre grande entra en su espacio, podrá ladrar y ser cauteloso con la persona de aspecto diferente. Por eso es importante socializar a tu perro con otras personas. Querrás que tu Border Collie se sienta cómodo con tus amigos, un paseador de perros o simplemente extraños que pasan por la acera.

Al presentar a tu perro a nuevas personas, haz que la persona permanezca tranquila y actúe como si no hubiera un perro presente. Cuando tu perro se acerque a ellos, permite que olfatee a la persona antes de ser acariciado. Si tu perro está abierto a ser tocado por un extraño, podrías hacer que tu amigo le dé una golosina. También puedes usar este método fuera de tu casa. Las personas a menudo están ansiosas por acariciar a los Border Collies porque son muy lindos y amigables. Si alguien quiere acariciar a tu perro, haz que la persona le dé una golosina si responde positivamente a ser acariciado.

Foto cortesía de
Lori Steele

Al igual que con la presentación de tu Border Collie a otros perros, si tu perro está asustado o incómodo, no lo obligues a permanecer cerca de nadie con quien no quiera estar. Retira al perro de la situación e intenta nuevamente una vez que se haya calmado. Sabrás que tu perro estará bien socializado cuando esté tranquilo alrededor de extraños y no se sobreestimule al conocer nuevas personas.

Los Border Collies y los Niños

Aunque los niños entran en la categoría de "personas que gustan a los Border Collies", puede haber casos en los que un Border Collie se irrite con niños pequeños. Al igual que un perro, los niños pueden ser impredecibles con sus acciones. Y por mucho que se les indique que jueguen amablemente con su Border Collie, ambas especies tienen la tendencia a ignorar las reglas de un adulto en favor de las suyas propias.

Los Border Collies son buenas mascotas familiares debido a su disposición amistosa. Pero pueden surgir problemas cuando tu Border Collie comience a ver a un grupo de niños como un rebaño que necesita ser atendido. Mordisquear tobillos y correr en círculos alrededor de los niños no es infrecuente en esta raza.

Siempre es mejor supervisar si los niños están jugando con tu perro, especialmente de manera bulliciosa. Necesitarás monitorear las señales no verbales de tu perro para saber cuándo es hora de que vaya a la jaula para relajarse lejos de los niños ruidosos. Después de todo, un Border Collie puede no saber cómo manejar ruidos fuertes y agudos y caricias bruscas si no está cerca de niños regularmente. Sé un poco más precavido, y tu perro aprenderá a estar tranquilo cerca de los niños.

Al socializar a tu perro con personas y otros perros, trabaja lentamente para no terminar abrumándolo. Un Border Collie asustado puede ser muy terco y difícil de corregirle los malos hábitos. Al tratar con otros, el objetivo es lograr que tu Border Collie naturalmente excitable se sienta tranquilo y cómodo. Es natural que tu perro se emocione alrededor de extraños, pero esta debe ser una emoción feliz y no una emoción nerviosa.

Una vez que tu perro haya dominado un lugar, prueba con otro. Para el Border Collie sensible al ruido, comienza en parques tranquilos y avanza gradualmente hacia lugares ruidosos o concurridos, como centros comerciales al aire libre. Cuantos más lugares haya donde tu perro pueda funcionar y estar tranquilo cerca de otros, más cosas podrá hacer contigo.

CAPÍTULO 7

Tu Border Collie y Otras Mascotas

Si ya tienes mascotas en tu hogar, un Border Collie puede ser una excelente adición. Debido a que son capaces de llevarse bien con otros animales, tu nuevo perro puede convertirse en un gran compañero para tus mascotas existentes. Sin embargo, añadir un nuevo animal a tu grupo puede resultar estresante tanto para tu nuevo perro como para tus antiguas mascotas. Con la preparación adecuada, tú puedes facilitar la transición de tu Border Collie a la familia. Esta sección se centrará en formas de integrar a tu nuevo Border Collie en tu hogar sin alterar la paz.

Cómo Hacer las Presentaciones

"Es importante mantener positivas las primeras experiencias de socialización de tu cachorro. No lo presentes a un perro nuevo a menos que estés absolutamente seguro de que ese perro interactuará bien con tu cachorro."

Josie Casebere

https://borderlinekennels.wixsite.com/mysite

¡No apresures las cosas! Aunque estés emocionado por tener a tu nuevo Border Collie en casa, todos estarán mucho más felices si tienen la oportunidad de conocerse. Forzar a animales que no se conocen a estar juntos es una buena manera de crear tensión. Y se sabe que los perros son territoriales, por lo que si tu perro antiguo cree que su territorio está siendo invadido por tu nuevo Border Collie, esto puede provocar peleas y otros comportamientos negativos.

Un criador o un centro de rescate de Border Collie debería apoyar tus esfuerzos para promover la armonía dentro de tu grupo. Antes de llevar a tu nuevo perro a casa definitivamente, pregunta si puedes presentarlo a tus otros animales. Reúnanse en un lugar neutral, como un parque para perros o el patio de un amigo. Permite que los perros se huelan entre sí y anímalos a jugar.

Si eso va bien, organiza otra reunión en tu hogar. Tu perro existente ya estará familiarizado con el nuevo perro, por lo que podría sentirse más cómodo teniendo al recién llegado olfateando su espacio. Intenta relajarte, pero mantén un ojo atento sobre los perros. No hace falta mucho más que una mirada extraña de uno para provocar una pelea. Prepárate para separarlos en un instante.

Puede ser útil tener a alguien más contigo durante estas reuniones. Si ambos perros están con correa, es fácil separarlos si no se llevan bien de inmediato. Si los perros no se llevan bien, sepáralos e inténtalo de nuevo. Puede que se necesiten varios encuentros antes de que se sientan cómodos el uno con el otro.

Cuando te sientas seguro de que tus mascotas puedan llevarse bien, es hora de traer a tu Border Collie a casa definitivamente. Pero no te dejes engañar pensando que ya está todo resuelto. Los perros a veces se comportan de manera diferente cuando no los estás observando, especialmente el astuto Border Collie. Si no puedes estar presente para supervisar, puedes optar por establecer espacios separados para cada mascota. Por ejemplo, si sales a la tienda durante una hora, puedes poner a tu Border Collie en un corral o usar puertas de seguridad para crear separación. De esta manera, aún podrán verse u olerse entre sí, pero tendrán algo que les impida ser demasiado bruscos si surge un altercado.

Foto cortesía de
Joanne Herbert

Mentalidad de Manada

Si nuestros perros domesticados se comportan o no de la misma manera que lo hacían sus ancestros caninos es tema de debate. Algunos adiestradores basan su entrenamiento en cómo actúan los perros dentro de una manada, mientras que otros adiestradores no dan mucho crédito a esa teoría. Sin embargo, cuando se observa a diferentes perros interactuar en el parque canino, parece existir un orden social. Algunos perros son más dominantes que otros, mientras que otros son sumisos en situaciones sociales.

Una vez que tus perros comiencen a interactuar entre sí, es posible que notes que adoptan estos roles. Si un perro es claramente dominante sobre el otro, esto no es inherentemente malo. El hecho de que un perro sea dominante en algunas situaciones no significa necesariamente que sea agresivo o malo. Y tu perro sumiso no es necesariamente tímido y asustadizo. Estos roles pueden cambiar según la interacción social en la que se encuentren.

Lo que tu pequeña manada de lobos debe saber es que tú eres el líder de la manada. Los Border Collies pondrán a prueba tus límites e intentarán presionarte para conseguir lo que quieren. Si tu perro está protestando porque quiere salir a jugar, no cedas a sus deseos de inmediato, o sabrá que él está al mando. Toma las decisiones por tus perros, no al revés. Algunos adiestradores incluso sugieren que participes en rituales de manada, como comer antes de que tu perro coma. Puede que no marque una diferencia notable en cómo se comporten, pero vale la pena intentarlo.

Peleas

El comportamiento de un perro puede cambiar en un instante, muy probablemente cuando no estés mirando. Un Border Collie tiene una mirada intensa, que puede resultar desconcertante para otros perros que intentan establecer dominancia. O quizás tu Border Collie sea un ángel perfecto y tu otro perro esté descontento por ya no ser el centro de atención. Sea cual sea el caso, es aterrador estar en medio de perros peleando.

Es importante detener la pelea inmediatamente para que ningún perro resulte herido. Sin embargo, también es importante que ninguna persona resulte herida al intentar separar una pelea.

En primer lugar, es bueno conocer la diferencia entre jugar y pelear. Morder no significa necesariamente que sea una pelea. Los perros pueden jugar bruscamente sin tener mala voluntad entre ellos. Los cachorros muerden porque todavía están tratando de descubrir cómo usar sus bocas en el juego. Si tu nuevo cachorro muerde a tu otro perro con demasiada fuerza, el otro perro emitirá un gemido para hacerle saber que está siendo demasiado brusco. Sus lenguajes corporales y vocalizaciones te ayudarán a saber cuándo intervenir. Mostrar los dientes es una buena señal de que un perro está agitado. Un cuerpo tenso u hombros levantados son otras señales. El gruñido puede sonar diferente a sus gruñidos de juego.

Puede ser peligroso separar una pelea. Si te paras en medio de los perros, es posible que no detengan su ataque solo porque tú estés en el camino. De manera similar, si intentas agarrar a un perro por el collar para apartarlo, es posible que no se dé cuenta que eres tú quien lo está tocando e intente atacar. Algunos expertos sugieren agarrar a un perro por sus patas traseras y retroceder para separarlos. Una vez que logres espacio entre los perros, sepáralos usando puertas o habitaciones separadas hasta que se calmen.

Debido a que es difícil separar una pelea por tu cuenta, algunos propietarios utilizan un ruido fuerte o un atomizador lleno de agua para distraer a los perros de su pelea. Sin embargo, esto podría no ser suficiente para separarlos en el calor del momento.

Los perros no atacan sin causa. Desafortunadamente, es posible que no entendamos la causa de su estrés. Una vez que la pelea ha terminado, trata de averiguar la causa para prevenir futuras peleas. Por ejemplo, si colocaste comida para ambos perros en un espacio pequeño, tal vez uno se puso posesivo y provocó al otro. Una vez que encuentres el problema, puedes trabajar en la solución.

Criar Hermanos de Camada

Si un Border Collie es bueno, entonces dos Border Collies deben ser mejor, ¿verdad? Puede ser divertido tener varios cachorros nuevos en tu familia, pero no necesariamente es una buena idea elegir dos cachorros de la misma camada. Por un lado, la socialización es más fácil porque tus dos nuevos Border Collies han estado juntos desde el nacimiento. Desafortunadamente, pueden surgir problemas de comportamiento debido a esto.

El "síndrome de hermanos de camada" es el término utilizado para describir los extraños comportamientos que desarrollan los hermanos de camada en su nuevo hogar. Los propietarios de hermanos de camada descubren que sus perros son difíciles de adiestrar porque están demasiado distraídos el uno con el otro como para escuchar a su dueño. Algunas clases de adiestramiento canino incluso desaconsejan llevar a hermanos cachorros a la misma clase. La razón de este comportamiento no está clara, pero algunos creen que es porque los perros están demasiado bien socializados entre sí, y este vínculo les impide desarrollar una relación estrecha con el propietario.

Otro síntoma de este síndrome es la ansiedad extrema por separación cuando uno se separa del otro. Por ejemplo, si tienes que llevar a un perro al veterinario, pero no al otro, esto llevará a ambos perros a un estado de angustia ya que estarán muy estresados por no tener a su otra mitad cerca. Esto también puede dificultar el adiestramiento de cada perro por separado porque constantemente se preguntan dónde está su compañero.

Quizás el peor síntoma del síndrome de hermanos de camada es que estos cachorros son más propensos a pelear con su hermano que los cachorros de camadas separadas. A diferencia de lo que ocurre con otros perros, esta pelea no se debe al miedo; más bien, sucede cuando la frustración se descarga fácilmente en el compañero. Por ejemplo, si tus perros quieren salir a jugar y estás tardando demasiado en ponerte los zapatos, esta frustración y exceso de energía pueden provocar una pelea que puede ser perjudicial para todos los involucrados.

*Foto cortesia de
Lora Raycroft*

Si estás pensando en comprar o adoptar dos hermanos de camada, considera si el estrés adicional y los problemas de comportamiento valen la pena. De hecho, podrías reconsiderar comprar dos perros a la vez, incluso de camadas separadas. Si tienes tu corazón puesto en tener varios perros en tu hogar, trae uno a casa y trabaja con él hasta que estés seguro de que puedes repetir el proceso nuevamente. Muchos propietarios primerizos no se dan cuenta de cuánto trabajo implica criar a un solo perro. Después de aclimatar a tu primer cachorro a tu hogar y estilo de vida, sabrás cuándo estes listo para el segundo.

Qué Hacer Si Tus Mascotas Simplemente No Se Llevan Bien

Algunos perros y gatos no están destinados a tener hermanos caninos. Las diferencias en especies, razas y socialización pueden dificultar que una mascota se lleve bien con un nuevo perro. Cuando has intentado todo lo que se te ocurre para que tus mascotas se lleven bien y no funciona, es hora de hacer un nuevo plan. Cuando estés al límite de tu paciencia, habla con un especialista. Un veterinario o un adiestrador de perros puede ser capaz de detectar el problema después de visitar a tus mascotas.

Si solo se trata de que pasan demasiado tiempo juntos con mucha proximidad, busca una manera de mantener a tus mascotas separadas mientras no estés en casa para supervisar. Por ejemplo, si a tu gato no le interesa jugar con un Border Collie enérgico que sigue intentando empujarlo, instala puertas y torres para gatos que le permitan mantenerse alejado de tu perro. Si tus perros tienen dificultades para llevarse bien a la hora de comer, coloca sus platos de comida en áreas separadas para que puedan comer sin siquiera saber que el otro también está recibiendo su comida.

Forzar a tu nuevo perro a una situación que no es segura nunca es una buena idea. Es mejor devolver el perro al refugio o criador que hacer que una de tus mascotas (o tú mismo) sufra lesiones graves por ello. Puede ser difícil renunciar a un perro, pero es mejor esperar hasta que la situación de tu hogar cambie antes de añadir una nueva mascota.

Socializar a un nuevo Border Collie con las mascotas existentes es extremadamente importante para la felicidad en tu hogar. Hay mucho en juego, y puede ser desgarrador si tus preciadas mascotas no se llevan bien. Dale a tus mascotas suficiente tiempo para aclimatarse entre sí. ¡Con paciencia, supervisión cercana y un poco de suerte, tus mascotas serán los mejores amigos en poco tiempo!

CAPÍTULO 8
Ejercicio Físico y Mental

"Si te molestan algunas 'peculiaridades' y que te dejen juguetes constantemente en tu regazo, quizás te convenga una raza que no tenga una ética de trabajo de alto octanaje."

Karen Moureaux

www.bordercollie.tv

De todas las razas caninas, es probable que los Border Collies sean los que mayor necesidad tienen de estimulación física y mental constante. Es lo que hace que esta raza sea tan divertida de tener, pero también supone un trabajo agotador para el propietario. Como descubrirás, no hay nada mejor que un Border Collie cansado. El Border Collie cansado es tranquilo y sigue instrucciones. Cuando desees recibir visitas, ir al veterinario o trabajar en una nueva orden, querrás tener un Border Collie cansado.

Cuando un Border Collie no recibe su ejercicio, se vuelve indisciplinado y destructivo. Él gemirá y ladrará hasta que tú te levantes para jugar, o esperará a que salgas para mordisquear los muebles y destrozar tus libros. El enérgico Border Collie también es más propenso a ataques de ansiedad si no se satisfacen sus necesidades de ejercicio.

Cuando los Border Collies son llevados a refugios, frecuentemente es porque los dueños compraron un Border Collie por ser bonito e inteligente, pero sin intención de darle la cantidad de atención que necesita. Al no ser atendidos de la manera que requieren, estos perros se vuelven indisciplinados y difíciles de manejar. A su vez, esta terquedad o mal comportamiento hace que el propietario poco cualificado esté menos dispuesto a trabajar con ellos. Al final, tanto el perro como el dueño son infelices.

Una vez que comiences a entender las necesidades individuales de tu Border Collie, su rutina diaria será más fácil de gestionar. Los cachorros y jóvenes adultos pueden ser un manojo salvaje de energía, pero a medida que maduran, se calmarán un poco. Esto no significa que tu Border Collie adulto perderá su amor por el juego. Una vez que encuentres el equilibrio adecuado entre ejercicio y entretenimiento, cuidar de tu Border Collie será muy sencillo.

Requisitos de Ejercicio

Un Border Collie no se conformará con un solo paseo al día. Después de algo de ejercicio, podrías pensar que tu perro está cansado - solo espera un momento. Tras un breve descanso, estará listo para continuar. Puede ser un desafío mantener a tu perro ocupado, especialmente si tienes otros compromisos de tiempo además de ser un entretenedor de Border Collies. Aquí tienes un ejemplo de una rutina diaria que puede mantener a tu perro feliz. Por supuesto, tu perro siempre podría manejar más actividad que esta, pero esto debería cubrir los requisitos básicos de ejercicio.

Mañana: Realiza un paseo corto—de diez a veinte minutos. Cuanto menos duerma tu perro mientras estés en casa, mejor. Levántalo temprano para un poco de ejercicio que le permita hacer sus necesidades. También podrías utilizar cualquier tiempo libre adicional para jugar con él.

Mediodía: Después de que tu perro haga sus necesidades, lanza la pelota en tu jardín todo el tiempo que puedas. Un vigoroso juego de buscar la pelota puede quemar mucha energía, permitiendo que tu perro tome una siesta una vez que hayas vuelto al trabajo.

Tarde: Este es un buen momento para un paseo largo o incluso una carrera. Intenta darle a tu perro aproximadamente una hora de ejercicio en este momento. De lo contrario, te molestará durante el resto de la noche.

Noche: ¡La diversión nunca termina con un Border Collie! Justo cuando te has acomodado para descansar por la noche, tu perro ha encontrado una nueva fuente de energía. Este es un buen momento para jugar al tira y afloja o trabajar en comandos divertidos. Planea pasar al menos una hora de tu tiempo entreteniendo a tu perro. Algunas ideas para actividades divertidas se pueden encontrar en secciones posteriores.

Recuerda, tu Border Collie puede manejar mucha más actividad. Si estás en la posición de poder pasar más tiempo con tu perro, ¡sería excelente! Tu perro adorará poder jugar todo el día entre siestas. Si tu horario permite menos tiempo libre, considera contratar a un paseador de perros o llevar a tu perro a una guardería en tus días más ocupados. Descubrirás que vale la pena el dinero para tener un perro satisfecho.

Diferentes Tipos de Ejercicio para Probar

"Debes proporcionarle al perro un trabajo que haga todos los días hasta que esté agotado."

Vicki Hughes

www.possumhollowfarms.com

Realmente no hay límite para lo que tu Border Collie es capaz de hacer cuando se trata de actividades al aire libre. Los Border Collies son excelentes compañeros para caminatas largas, excursiones o carreras cortas. Solo recuerda que estos perros pueden sobrecalentarse en temperaturas cálidas, especialmente si el tuyo tiene un pelaje largo y espeso. Pero en temperaturas frías, un Border Collie activo puede continuar durante bastante tiempo. Las carreras son buenas para quemar mucha energía en poco tiempo, pero asegúrate de que tu perro no se esté esforzando demasiado. Los Border Collies están hechos para los sprints. Pueden correr rápidamente, pero con muchos pequeños descansos entre medios. Tu perro debería poder manejar de dos a tres kilómetros sin problema si está en forma. Sin embargo, un perro no debería estar entrenando para un maratón a tu lado.

En días calurosos, realiza paseos más cortos y frecuentes, dándole a tu perro suficiente tiempo para refrescarse entre salidas. Además, cada vez que salgas de casa por más que un paseo rápido en un día caluroso, llévale agua fresca y detente con frecuencia. Los perros no pueden decirte cuando tienen demasiado calor y están cansados. Si lo presionas demasiado, un golpe de calor puede enfermar gravemente a tu perro. Detente para descansos cortos a la sombra y mantente cerca de casa en caso de que tu perro se agote. Además, si el pavimento está demasiado caliente para tus pies descalzos, estará demasiado caliente para las patas de tu perro. En esos días despejados y abrasadores, opta por un lugar con césped para hacer ejercicio.

Algunos Border Collies aman nadar. El interés por el agua no es universal en todos los perros de esta raza, así que prueba la predisposición de tu perro a sumergirse en el agua en un lugar poco profundo. Algunos

Border Collies chapotearán alrededor del borde de un lago pero no estarán interesados en adentrarse en aguas más profundas. Si a tu perro le encanta nadar, es una excelente manera de quemar energía. Incluso si él fuese un maestro nadador, consigue un chaleco salvavidas para tu cachorro. Puede salvarle la vida si tiene problemas en aguas abiertas.

Si tienes un patio trasero, la pelota y el frisbee se convertirán en elementos básicos. Es posible que tu Border Collie necesite un poco de trabajo cuando se trata de traer la pelota de vuelta, pero perseguirá a un juguete de un lado a otro durante horas. Estos son excelentes juegos para cuando no tienes mucho tiempo, pero tu perro aún necesite ejercicio.

Si estás buscando una buena manera de darle a tu perro el ejercicio que anhela mientras le permites mostrar sus habilidades, hay diferentes competiciones en las que los Border Collies sobresalen. Agility es un deporte donde los perros completan una pista de obstáculos cronometrada mientras compiten contra otros perros. Se requiere que sigan instrucciones de su dueño, salten, zigzagueen, trepen y se arrastren por túneles. El atlético Border Collie es impresionante en carreras de Agility, y es una excelente manera de combinar el ejercicio con el entrenamiento formal.

El Flyball es otra competición donde se utiliza mucha energía en un entorno enfocado. Piensa en ello como una carrera de relevos para perros. Un equipo de cuatro perros se turna para llevar una pelota de

Foto cortesía de Winsome Marshall

tenis de una caja a otra mientras saltan sobre pequeñas barreras. Estos equipos compiten contra otros para completar el relevo lo más rápido posible. Los Border Collies se desempeñan bien en estas competiciones porque son rápidos, extremadamente enfocados y buenos siguiendo direcciones. Sin embargo, estas competiciones requieren que los perros estén en espacios reducidos, y la sala se vuelve ruidosa y emocionante. Si tu Border Collie es sensible al ruido o le gusta su propio espacio personal, podría no ser adecuado para él. Ya sea que decidas inscribir a tu perro en competiciones o no, hay clases donde los instructores trabajan contigo para enseñarle a tu perro cómo participar en las actividades. Es posible que tu Border Collie no termine siendo un campeón, pero siempre es bueno enseñar nuevas habilidades y pasar tiempo con él en un nuevo entorno.

Importancia del Ejercicio Mental

"Más que desear tu tiempo y atención, están genéticamente diseñados para exigirlo. Los Border Collies que permanecen solos durante demasiado tiempo pueden volverse fácilmente neuróticos y destructivos."

Dave Thomas

www.hollycreekbordercollies.com

Los Border Collies también requieren mucho ejercicio mental además del ejercicio físico. Las razas inteligentes como los Border Collies necesitan un poco de entretenimiento adicional. Sin esta estimulación mental, un Border Collie puede volverse inquieto y destructivo. Puedes llevarlos a varios paseos al día, pero si no tienen la oportunidad de usar sus brillantes mentes, serán infelices. Afortunadamente, la mayoría de las actividades que realizas con tu Border Collie pueden ejercitar tanto su cuerpo como su mente. Actividades como Agility, buscar la pelota y el entrenamiento de obediencia pueden hacerlos moverse y pensar al mismo tiempo.

El tira y afloja es un juego subestimado cuando se trata de quemar energía. Algunos propietarios piensan que este juego hace que su perro sea agresivo, pero siempre que se juegue según tus reglas, tú tienes el control. Invita a tu perro a jugar sosteniendo la cuerda hacia ellos. Una vez que la agarren, sujétala con todas tus fuerzas. Los Border Collies son muy fuertes y determinados. Se divertirán mucho tratando de superarte

*Foto cortesía de
Claire Finch*

en astucia para poder ganar la cuerda. Si las cosas se vuelven demasiado salvajes, termina el juego y házle saber que tú sigues siendo el líder.

Hay juguetes de rompecabezas disponibles en tiendas de mascotas que están hechos para perros como los Border Collies. Estos rompecabezas utilizan comida para incitar a tu perro a "resolver" los acertijos hasta que liberen su golosina. Algunos juguetes, como los Kong, se pueden rellenar con galletas especialmente diseñadas, que requieren que tu perro los empuje o los rebote contra el suelo para liberar la golosina. Él tendrá que descubrir cómo liberar la golosina para poder disfrutar de su deliciosa merienda. Otros juguetes se pueden rellenar con las croquetas de tu perro y deben ser rodados por el suelo para liberar una pieza a la vez.

También hay rompecabezas que requieren que tu perro deslice un bloque, tire de una palanca o abra un pequeño cajón para encontrar golosinas. Estos rompecabezas vienen en diferentes niveles de dificultad y a veces se pueden personalizar para una experiencia diferente cada vez. Simplemente rellene los compartimentos con golosinas y permítele que use su inteligencia para descubrir cómo liberar las golosinas.

Lo mejor de estos rompecabezas de comida es que no requieren toda tu atención. Al jugar a buscar la pelota, tu perro depende de que tú estés allí para que se la lances una y otra vez. Con un rompecabezas, puedes configurarlo y dejarlo para él. Por esta razón, es posible que desees preparar un rompecabezas para tu perro cuando te vayas durante el día. Puede que a su él solo le tome diez minutos terminar de jugar con el juguete, pero gastará un poco de energía mientras también lo distraerá de tu partida. Los juguetes masticables, como los huesos, también pueden mantener a tu perro entretenido sin que tenga que jugar también.

Trabajar en nuevas órdenes es otra actividad excelente para hacer con tu perro. Trata de trabajar en tus órdenes todos los días. Ya sea que pases una hora enseñándole a rodar o dediques cinco a diez minutos a practicar "Sentado" y "Quieto", propónte practicar habilidades de obediencia todos los días.

Si tienes problemas para recordar que debes trabajar en las órdenes con tu perro, una clase grupal es una buena manera de motivarlos a ambos a trabajar en sus habilidades. Durante una hora a la semana, puedes rodear a tu perro de otros cachorros que están aprendiendo cosas nuevas. Cuando tienes que practicar para una clase, es más fácil concentrarse en trabajar ciertas habilidades en casa. Como beneficio adicional, cuando hace demasiado frío para jugar afuera en invierno, una hora de actividad en un entorno interior puede aliviar parte de la energía acumulada de tu perro.

Foto cortesía de Jo Hicks

Durante el mal tiempo, puede ser difícil ser el dueño de un Border Collie. Aunque a tu perro le encante brincar en la nieve y las temperaturas bajo cero, solo puede permanecer afuera por un tiempo limitado. El escondite es un gran juego para jugar con tu Border Collie. Puedes esconder objetos para que tu perro los busque, o puedes esconderte y hacer que te busque a ti.

Comienza haciendo que tu perro se siente y ordénale que se quede quieto. Luego escóndete en algún lugar de tu casa. Cuando estés escondido, dí: "¡Encuéntrame!" y espera a que tu cachorro te descubra. Buscará en cada habitación de la casa. Cuando te encuentre, dale una golosina y muchos elogios. También puedes sostener un juguete y dejar que juegue al tira y afloja si te encuentra con éxito.

Una alternativa a este juego es hacer que tu perro busque un juguete específico. Esto requerirá que primero le enseñes algunos nombres. Esta es una gran práctica para los Border Collies porque son capaces de aprender los nombres de cientos de objetos. Una vez que hayan dominado algunos nombres, esconde sus juguetes en diferentes habitaciones de la casa. Pónlo en posición de sentado y quieto y dile: "Busca Ardilla". Cuando recoja el juguete y te lo traiga, dale una golosina. Este juego requiere que tu perro aprenda los nombres de varios juguetes, tome el juguete y te lo traiga de vuelta. Este juego se puede jugar una y otra vez hasta que tu perro pierda interés. Pero si lo recompensas con deliciosas golosinas, jugará para siempre.

Si deseas trabajar en la inclinación de tu perro a mirarte para recibir instrucciones, hay un juego simple que puedes jugar. Haz que tu perro se siente frente a ti y sostén una golosina para perros en cada mano, cerca de su cara. Abre una mano para que tu perro casi pueda tomarla. Cuando esté a punto de tomar la golosina, cierra esa mano y abre la otra. Luego, cuando tu perro meta la nariz en esa mano abierta, repite el proceso. Cuando tu perro se detenga y te mire a los ojos, habrá descubierto el juego. Dale la golosina y muchos elogios. Sigue jugando este juego hasta que te mire y espere la golosina, en lugar de intentar agarrarla él mismo.

Esta es solo una pequeña muestra de las cosas que puedes hacer con tu Border Collie. Con una raza tan inteligente y activa, las posibilidades son infinitas. Aunque a los perros les suele gustar la rutina, cambiar las actividades que realizas con tu perro puede mantener las cosas frescas e interesantes. Incluso rotar la alineación de juguetes que colocas para él puede mantenerlo interesado. Es fácil frustrarse cuando tu perro te está rogando constantemente que juegues con él. Pero una vez que comprendas la necesidad de estimulación física y mental de tu perro, sabrás cómo cansarlo lo suficiente para que obtengas algo de paz y tranquilidad, ¡al menos durante un par de horas!

CAPÍTULO 9

Adiestramiento de Tu Border Collie

Cuando tienes un Border Collie, el adiestramiento es un requisito, no una opción. Con algunas razas, quizás pueda conformarte con enseñarles unos cuantos comandos básicos y dejarlo así. Un Border Collie realmente desea aprender nuevas órdenes porque esto le hace sentir que tiene un trabajo. Es asombroso observar cómo el comportamiento de un Border Collie puede pasar de juguetón cuando corre por el patio, a serio y concentrado en el segundo que entra a su clase de adiestramiento. Los Border Collies necesitan tener una tarea. Aunque no sea necesario enviar a tu perro a los pastizales para reunir ovejas, debería tener algún tipo de actividad que le haga sentirse útil. Con solo practicar comandos durante una hora al día, tu Border Collie se sentirá satisfecho y orgulloso.

Afortunadamente, los Border Collies son relativamente fáciles de adiestrar cuando se encuentran en las circunstancias adecuadas. Son inteligentes y capaces de ser obedientes, por lo que aprenderán nuevos comandos rápidamente y te escucharán cuando los llames. Pero si las necesidades de ejercicio físico de tu perro no han sido satisfechas, puedes tener más dificultades para adiestrarlo que si tu perro estuviera cansado. Si notas que tu perro no se concentra cuando trabajas con él, intenta salir a correr un poco y observa si los resultados cambian.

Estableciendo Expectativas

"Da la orden una sola vez, y luego haz que la cumpla. No repitas el comando una y otra vez hasta que lo haga. El error más común es no hacer que el perro haga lo que se le ordena".

Vicki Hughes

www.possumhollowfarms.com

Probablemente has visto vídeos de algunas de las cosas asombrosas que los Border Collies pueden hacer. Solo recuerda que no todos los perros son iguales. Algunos provienen de entornos que los hacen más fáciles de adiestrar que otros. Además, los Border Collies que ves en la televisión pertenecen a adiestradores profesionales que trabajan

Foto cortesía de
Adele Sanderson

con sus perros todo el día. Si tu solo dispones de unas pocas horas de tiempo libre con tu perro al día, será mucho más difícil tener un perro "genio". Si planeas enseñarle a tu perro un nuevo truco cada noche con la esperanza de que los domine todos, te sentirás decepcionado. No abandones el adiestramiento porque pienses que las cosas no van bien. Sigue trabajando en lo básico hasta que tu perro lo domine.

Cuando estés trabajando en los comandos básicos, no seas demasiado indulgente con tu perro. Por ejemplo, es una buena práctica hacer que espere a que tú salgas por la puerta antes de que él lo haga. Pero cuando tu perro ve un conejo en el patio y quiere perseguirlo, ¿te tomas el tiempo para hacer que tu distraído perro se siente y espere, o abres la puerta y le permites lanzarse al exterior? La consistencia ayudará a tu perro a recordar su trabajo. Si estás creando reglas para tu perro, cúmplelas.

Fundamentos del Condicionamiento Operante

El adiestramiento canino se basa en la teoría psicológica del condicionamiento operante. Los Border Collies son súper inteligentes, pero siguen siendo perros que piensan de manera muy diferente a los humanos. Cuando enseñamos conceptos a los niños, a menudo damos razones de por qué tenemos ciertas reglas. Con los perros, no podemos razonar. Un perro no puede preguntarte "¿Por qué?" cuando tú le dices que se siente. No podemos explicarle a nuestro cachorro que perseguir automóviles puede ser muy peligroso. Ellos solo ven un objeto que se mueve rápidamente y piensan en lo divertido que sería perseguirlo. Por lo tanto, tenemos que adiestrar a nuestros perros a un nivel que puedan entender.

Piensa en el condicionamiento operante como una forma de reforzar comportamientos que tu perro ya hace mediante el uso de recompensas. Por ejemplo, si tu Border Collie está ladrando y a ti no te gusta este comportamiento, puedes esperar hasta que esté en silencio antes de darle una golosina. Con suerte, el silencio es un comportamiento que tu perro ya posee. Cuando le das una golosina después de un momento de silencio, le estás diciendo que algo bueno sucede cuando no está ladrando. Si no respondes a sus ladridos, entonces ellos pueden no ver ninguna recompensa en eso. Después de suficiente práctica, se quedarán callados porque saben que es bueno, y pueden olvidar por completo que alguna vez se usaron golosinas.

Cuando se usa con comandos, tu Border Collie escuchará una orden, recordará la posición que debe adoptar cuando la escuche, y recibirá una recompensa por su respuesta correcta. Al principio, simplemente están haciendo lo que pueden para conseguir esa golosina. Con suficiente repetición, escuchará tu comando y reflexivamente se sentará sin necesidad de una golosina para hacerlo. Se necesita mucho tiempo antes de que un Border Collie pueda dominar un comando. Puedes ver excelentes resultados después de treinta minutos de práctica, pero luego intentar el mismo comando al día siguiente y notar su vacilación para realizarlo. Debes seguir practicando y reforzando ese buen comportamiento para obtener los mejores resultados.

Refuerzo Primario

"Los Border Collies responden mejor a métodos de adiestramiento positivos y suaves. Les encanta jugar, así que si cada sesión de adiestramiento se convierte en un juego positivo con muchos elogios, aprenden muy rápidamente".

Dave Thomas

www.hollycreekbordercollies.com

En el condicionamiento operante, los refuerzos son necesarios para recompensar el buen comportamiento para que tu perro repita ese comportamiento. Los refuerzos primarios son cosas que son inherentemente buenas para tu perro. Las golosinas y los juguetes son dos formas de refuerzo primario que se utilizan frecuentemente en el adiestramiento canino.

Si intentas darle a tu perro una golosina por buen comportamiento pero no parece interesado en ella, tal vez su motivación no sea la comida. Si a tu perro realmente no le importa la comida pero se vuelve loco por los juguetes, tu perro estará motivado por el juego y debe ser recompensado como tal. En lugar de darle una golosina por darse la vuelta, déjalo tomar su soga y jugar al tira y afloja contigo.

Además, asegúrate de que las golosinas que le estás dando a tu perro sean dignas de su atención. Si tu perro no está interesado en lo que le estás ofreciendo, prueba con otra golosina. Los perros se sienten atraídos por las golosinas con olor porque captan su atención. Querrás algo extra especial para el adiestramiento. Prueba diferentes sabores de golosinas blandas para adiestramiento hasta que encuentres una que lo vuelva loco. Algunos adiestradores incluso sugieren pequeños trozos de salchichas cuando estes tratando de subir el nivel.

Refuerzo Secundario

El refuerzo secundario se refiere al refuerzo que es representativo del refuerzo primario. Para los humanos, el dinero es un ejemplo clásico de refuerzo secundario. Los trozos de papel tienen un significado asignado que nos permite intercambiarlos por cosas que queremos. Como los perros no tienen necesidad de papel moneda, utilizamos señales verbales y adiestramiento con clicker como refuerzo secundario.

Un clicker es una herramienta que produce un sonido de clic cuando se presiona un botón. Este sonido está destinado a ser un sustituto de una golosina. Para comenzar el adiestramiento con clicker, un propietario hace clic mientras le da a su perro una golosina. Después de un tiempo,

Foto cortesía de Jenny Hall

un perro llegará a entender que un clic es bueno porque la golosina que lo acompaña es deseada. Eventualmente, tu perro llegará a conocer ese sonido de clic como una señal de que está haciendo un buen trabajo sin la golosina. Los clickers son preferidos por muchos adiestradores porque es una forma precisa de recompensar a tu perro. Es más fácil hacer clic ante un buen comportamiento que darle a tu perro una golosina, potencialmente interrumpiendo el proceso de adiestramiento. Además, cuando tu perro está comenzando a trabajar en comandos, puede sentarse, solo para levantarse de inmediato. Si estás usando golosinas, no puedes dársela después de este comportamiento, porque no mantuvo la posición. Pero con un clicker, puedes darle un clic en el segundo en que su trasero toca el suelo, incluso si se levanta un segundo después.

Si no tiene un clicker, puedes usar señales verbales para hacerle saber a tu perro que está en el camino correcto. Muchos adiestradores usan la palabra "Sí" para hacerle saber a su perro que su comportamiento fue bueno. Si tu perro obedece un comando, dí "Sí" y dale una golosina. Eventualmente, llegará al punto en que el marcador verbal sea una recompensa suficiente, y no se necesite una golosina cada vez.

Castigo

El castigo también es parte del condicionamiento operante, pero no debe usarse en el adiestramiento canino. El castigo puede ser cruel para un Border Collie entusiasta, que solo está tratando de complacer a su dueño, y puede conducir a efectos negativos. Un ejemplo común es regañar a un perro por hacer sus necesidades en la casa. Gritar y golpearlo porque orinó en un lugar prohibido puede disuadirlo de ese comportamiento. Pero, en su cerebro conectará la acción con el miedo. El problema es que tu perro puede no corregir su comportamiento de la manera que tú esperas. En cambio, aprenderá que es aterrador hacer sus necesidades cerca de ti, así que lo esconderá. Puede estar tan asustado de ser castigado nuevamente que ni siquiera orine afuera en tu presencia. El castigo por sí solo no es una buena manera de reforzar el comportamiento. Podrías ver algún cambio de comportamiento, pero es difícil controlar cómo se manifestará.

Eso no quiere decir que el mal comportamiento no pueda ser corregido. Está perfectamente bien llamar la atención sobre el mal comportamiento de tu perro y mostrarle lo que tú preferirías. Pero en el segundo en que le infundes miedo, es difícil recuperar su confianza. A los Border Collies no les gusta que los presionen. La falta de positividad en el adiestramiento de tu perro puede hacer que se resista y se vuelva aún más indisciplinado.

Clases y Adiestradores

Foto cortesía de
Yvonna Wain

Todos los propietarios de Border Collies deberían inscribir a su perro en al menos un curso de adiestramiento pues existen muchos beneficios en las clases grupales. Si tienes un Border Collie cauteloso, las clases son una excelente manera de llevarlo a un nuevo lugar con muchos sonidos y olores nuevos. Una clase también permite que tu perro socialice con otros perros y humanos sin la presión de tener que jugar. Si puedes enseñarle a tu perro a estar tranquilo alrededor de extraños, entonces tienes una mejor oportunidad de enseñarle a estar tranquilo en el mundo exterior.

Si nunca has adiestrado a un perro antes, una clase probablemente te enseñará más a ti sobre cómo trabajar con tu perro que enseñarle a él cosas nuevas. Lleva a tu pareja o hijos a una clase para que puedan aprender a trabajar con el perro de la familia. Un adiestrador es un recurso valioso. No solo puedes aprender nuevas habilidades, sino que puedes hacerle preguntas específicas sobre tu perro a un experto. Puede ser frustrante tener problemas de comportamiento con tu Border Collie, pero un experto puede recomendarte consejos y trucos para resolver sus problemas.

Dependiendo de dónde vivas, hay muchas clases disponibles para perros. Las clases de obediencia son excelentes para construir una base de comandos básicos para tu perro. No solo él aprenderá comandos, sino que trabajará en escuchar y observar tus indicaciones. Hay diferentes niveles de cursos de obediencia, así que una vez que domines una clase, puedes pasar a la siguiente.

El Ciudadano Canino Ejemplar (Canine Good Citizen) es una clase popular para perros y es excelente para que los Border Collies la tomen. Esta clase te llevará a través de algunos comportamientos que hacen que un perro sea un placer tener en público. Trabajarás en pasear a tu perro con una correa suelta, mantenerlo concentrado cuando hay muchas distracciones, y mantenerlo tranquilo y relajado cerca de otras personas y perros. Al final del curso, muchos clubes ofrecen una prueba que permitirá que tu perro se certifique como CGC.

El trabajo de olfato es otra gran clase que puede mantener activa la mente de tu Border Collie. ¡Piensa en este deporte como un entrenamiento para todos los perros para que detecten drogas, pero sin las drogas! Usando aceites esenciales, tu perro aprenderá a encontrar un olor específico. Una vez que él encuentre el olor correcto, será recompensado. Esto es como una divertida búsqueda del tesoro para tu perro, que recoge mucha información sobre el mundo a través del olfato. También es una buena manera de quemar algo de energía mental.

Si descubres que tu perro es bueno aprendiendo trucos divertidos, considera un curso de Agility o de estilo libre. Afina sus habilidades e inscríbelo en un concurso cuando esté listo para demostrarlas. O, si encuentras que los instintos de pastoreo de tu perro citadino son agudos, es posible que puedas encontrar una clase de pastoreo para perros que no trabajen en el campo.

En algunos casos, podría ser mejor contratar a un adiestrador privado para que venga a tu casa. Una clase privada es buena para perros que realmente tienen dificultades para estar cerca de otros o tienen problemas de comportamiento graves que no pueden abordarse en un entorno grupal. O tu perro podría estar tan avanzado en sus habilidades que necesite un poco de ayuda personalizada para prepararlo para las competiciones. Estos adiestradores son más caros que si asistieras a un curso grupal, pero dependiendo de tus necesidades, puede valer la pena el costo.

Comportamiento del Propietario

¡El comportamiento y la actitud de tu perro no son los únicos que importan aquí! La forma en que el propietario se comporta alrededor de la mascota marca una gran diferencia en cómo irá el adiestramiento. Debido a que los Border Collies pueden captar señales no verbales, tu lenguaje corporal y tono de voz significan todo para este perro. Si estás visiblemente frustrado y molesto mientras adiestras, tu perro lo sentirá. Si estás animado y positivo, te responderá mejor. Los Border Collies buscan complacer, y si saben que a ti te encanta lo que están haciendo, se esforzarán mucho más.

Adiestrar a un perro no es fácil. Los perros serán perros y se distraerán con diferentes olores y no querrán prestarte atención. Es fácil frustrarte cuando tu perro te está desobedeciendo. Si te estás enojando, da un paso atrás y relájate. Una vez que estés listo para entrar en el adiestramiento con mucha energía positiva, puedes practicar con tu perro nuevamente.

Los Border Collies son grandes trabajadores, pero también necesitan tiempo para jugar. Si han estado trabajando en comandos durante un tiempo, tomen un breve descanso para jugar, luego vuelvan a su práctica. Mantén el adiestramiento divertido y positivo.

Al adiestrar a tu Border Collie, recuerda pensar como un perro. Aprenden a través del condicionamiento, por lo que la repetición y la recompensa serán la clave. La positividad le llevará mucho más lejos que las tácticas de adiestramiento basadas en el miedo. El adiestramiento puede consumir tiempo y ocasionalmente ser frustrante, pero una práctica regular puede convertir a un perro aburrido y mal comportado en un perro educado con el cual será un placer estar cerca. Prueba diferentes tipos de adiestramiento para mantener las cosas frescas y divertidas para tu perro y recuerda darle todo el amor y elogios que merece.

CAPÍTULO 10
Comandos Básicos

"Aprenden rápido, así que no los hagas repetir la misma lección una y otra vez. Una vez que lo entiendan, avanza al siguiente tema y simplemente repasa de vez en cuando los comandos previamente aprendidos."

Maggie Pogue
M Bar M Cattle Dogs

Ahora que tienes un Border Collie, querrás comenzar con el adiestramiento lo antes posible. Una base sólida es necesaria cuando se trata de entrenar, ya que muchos trucos y comandos son simplemente variaciones de los comandos básicos. Por ejemplo, no puedes enseñarle a un perro a dar la vuelta si no sabe cómo tumbarse cuando se le ordena. Con práctica constante y frecuente, tu Border Collie dominará los fundamentos en poco tiempo.

La Importancia de los Comandos Básicos

Los dueños de perros suelen considerar los comandos básicos como trucos divertidos, pero es mucho más importante que eso. Un perro con conocimiento de comandos básicos puede ser controlado. Cuanto mejor sea tu perro escuchando tus órdenes, más fácil será controlarlo. Como propietarios de perros, es necesario controlar a nuestro perro porque tenemos una mejor comprensión del mundo que nos rodea.

Para un Border Collie, el sonido de un cubo de basura cayendo puede ser aterrador. Nosotros sabemos que no hay peligro, pero un Border Collie no lo sabrá. Su instinto puede ser huir de la dirección del sonido lo más rápido posible. Podrían correr sin darse cuenta directamente hacia el tráfico porque no entienden que un sonido aterrador no es peligroso, pero los vehículos a alta velocidad sí lo son. Pero si puedes llamar a tu perro y hacer que permanezca en un lugar, puedes salvar su vida de un peligro real del que no es consciente. Un perro bien adiestrado puede permanecer en una posición cuando pasa un coche, puede acudir a tu lado cuando esté demasiado lejos de ti, y puede soltar algo que podría enfermarlo.

Dónde Practicar

El lugar de adiestramiento es importante cuando trabajas con tu perro. Si solo practica en tu cocina, no te sorprendas cuando tu perro ejecute perfectamente los comandos en la cocina, pero no pueda prestar atención en el exterior. Las distracciones serán diferentes en cada lugar al que vaya, por lo que es bueno variar cuando se trata de tu tiempo de adiestramiento.

Para empezar, un lugar interior con pocas distracciones es lo mejor. Este es el momento de enseñar a tu perro nuevos comandos. Luego, una vez que él haya dominado los comandos en un espacio, pruébalos en otro lugar. ¡Incluso puedes descubrir que tu perro responde de manera diferente dependiendo de dónde se encuentre dentro de una misma habitación!

Después de que tu perro haya dominado los comandos en el interior, trasládate a un lugar familiar en el exterior. Un patio trasero es excelente porque es familiar para él, pero también es diferente y hay más distracciones. Después de eso, pueden practicar en el jardín delantero o en un parque que visiten regularmente. No olvides practicar comandos cerca de otros perros. Si tu perro se mete en una situación complicada con otro perro, querrás que te escuche cuando sea importante. Los parques para perros y las clases de adiestramiento en grupo son excelentes lugares para trabajar en sus habilidades. Luego, cuando tu

Foto cortesía de Claire Finch

perro sea realmente bueno, vayan a un lugar completamente nuevo con muchas distracciones. Un centro comercial al aire libre es un buen lugar para practicar porque hay muchos sonidos, olores y personas nuevas. A medida que enseñas a tu perro nuevos comandos, pruébalos cuando vayan a lugares nuevos. Incluso puedes incorporar pausas en sus paseos diarios para trabajar en sentarse y quedarse quieto.

Otros Consejos para el Adiestramiento

Considera la hora del día en que trabajas los comandos con tu perro. Si utilizas golosinas sabrosas como recompensa, es posible que quieras pensar en entrenarlo antes de que él coma, especialmente si no está extremadamente motivado por la comida. Un perro hambriento puede estar más inclinado a trabajar duro por comida, en comparación con uno que acaba de comer. Además, un Border Collie cansado se comporta mejor que uno salvaje, así que si te das cuenta de que tu perro está demasiado excitado para prestar atención, salgan a correr rápidamente o haz que tu perro corra por el patio durante unos minutos antes de volver al adiestramiento.

Cuando enseñes comandos, también podrías intentar incorporar señales con las manos que correspondan con el comando verbal. Por ejemplo, un puño cerrado y levantado puede significar "Siéntate" y una mano extendida puede indicar "Quieto". De esta manera, puedes darle órdenes silenciosas y mantener su mente trabajando mientras alternas entre el lenguaje verbal y el lenguaje de señas.

Foto cortesía de Carol Hicks

Las recompensas son buenas, pero querrás llegar al punto en que no tengas que dar una golosina después de cada comando acertado. Si le das a tu perro una golosina cada vez, ¡esperará una golosina cada vez que haga algo que tú quieras y aumentará de peso! Tu perro seguirá estando condicionado si le das una golosina al azar. Pero puedes decir "Sí" cada vez que él obedezca. Esto le hará saber que lo que hizo fue correcto.

A los Border Collies les encanta el adiestramiento, pero si pasa demasiado tiempo, perderán interés. Para mantener el entrenamiento divertido, tomen descansos después de unos diez minutos cuando estés enseñando un nuevo comando. Al final de una sesión de adiestramiento, tómense un tiempo para jugar.

Si te encuentras frustrado porque tu perro no está escuchando, tomen un descanso. Si te encuentras enojado, asociará el adiestramiento con esos sentimientos negativos. Es mejor esperar hasta que te hayas calmado que tratar de seguir adelante con una sesión de adiestramiento en la que ninguno de los dos quiere participar. Recuerda, el adiestramiento debe ser divertido y positivo. Un Border Collie estará receptivo a aprender nuevas habilidades si se está divirtiendo.

Los Comandos Básicos

Aunque realmente no hay límite en cuanto a lo que puedas enseñar a tu Border Collie, hay algunos comandos que todos los Border Collies deberían conocer. Estos comandos no solo ayudarán a que tu perro se comporte bien en tu hogar, sino que también podrían potencialmente salvarle la vida algún día. Estos comandos también son la base de muchos otros comandos que querrás enseñarle a tu Border Collie en el futuro.

Sentado

Este es quizás el primer comando que le enseñes a tu perro. Sentarse es útil para controlar a tu Border Collie y mantenerlo quieto. Pueden practicar este comando mientras esperan para cruzar la calle, cuando alguien llame a tu puerta o mientras hablas con personas en el parque.

Para enseñar este comando, comienza con tu perro de pie frente a ti, mirándote. Sostén una golosina frente a su nariz, luego muévela lentamente hacia arriba y hacia atrás. Se sentará naturalmente para alcanzar la golosina. En el momento en que su trasero toque el suelo, díle "¡Sí! ¡Buen chico!" y dale la golosina. Con el tiempo, tu perro entenderá que el comando "Siéntate" significa que debe sentarse hasta recibir más instrucciones. Cuando estés listo para que tu perro se levante, dile "Vale" y haz que se ponga de pie y venga hacia ti. Repite este movimiento y conecta el comando verbal con la acción hasta que pueda escuchar el comando "Siéntate" y hacer lo que tu quieres.

Si tienes dificultades para que tu perro adopte esta posición, puedes ejercer una ligera presión por encima de la base de su cola para moverlo suavemente a la posición de sentado. No estarás forzando a tu Border Collie hacia abajo, sino que le estarás recordando suavemente lo que significa "Siéntate". Además, si tu perro no responde, no repitas el comando hasta que lo haga. Dile "Siéntate" una vez y si no responde, mueve la golosina frente a su cara o ejerce una ligera presión en su trasero hasta que lo entienda.

Abajo

Este comando pone a tu perro en una posición prona. Esto puede ser un poco más difícil de enseñar a un Border Collie que sentarse, ya que tu perro puede ver esto como una posición sumisa. Pero es bueno enseñarlo porque le estás diciendo que necesitas que se relaje un poco. Por ejemplo, podrías hacer que tu perro se siente cuando necesites que esté quieto por un momento antes de volver a prestarle atención. Podrías ponerlo en posición de tumbado cuando necesites que esté fuera de tu camino durante un período más largo.

Para enseñar esto, comienza con tu perro en posición de sentado. Luego toma su golosina y sosténla frente a su nariz. Baja la golosina al suelo y, con suerte, la cabeza de tu perro debería seguirla hasta que su barbilla esté cerca del suelo. También puedes meter los dedos en su collar o aplicar suavemente tensión a su correa para que su cabeza baje al suelo. Cuando sus codos toquen el suelo, dile: "¡Sí! ¡Buen chico!" y dale la golosina. No uses fuerza excesiva para posicionarlo en el suelo, ya que harás que un Border Collie sensible se sienta incómodo o incluso podrías lesionarlo.

Quieto

Este comando es necesario si tienes un Border Collie activo que quiere explorarlo todo. Si tu perro puede sentarse y quedarse quieto, no tendrás que preocuparte de que salga corriendo si tienes que soltar la correa por un momento. Y será bueno que lo sepa por si quieres jugar al escondite con su él. Comienza enseñando este comando en la posición de sentado, y luego pasa a la posición de tumbado.

Comienza con tu perro sentado a tu lado, mirando en tu misma dirección. Dile "Quieto" y mantén tu mano frente a su cara. Si no se mueve después de un breve momento, recompénsalo. Una vez que haya dominado eso, intenta caminar en círculo alrededor de él. En el segundo en que se mueva, ponlo de nuevo en la posición de sentado e inténtalo una vez más. No lo recompenses ni si quiera si se mueve. Pero hazle muchos elogios y recompensas si logra permanecer quieto.

Cuando tu perro tenga la idea, haz más distancia entre tú y él. Haz que se quede quieto, luego aléjate, luego regresa. O, haz que se quede quieto, luego llámalo hacia ti. Añade más distancia y distracciones para probar su capacidad para escuchar y confiar en ti.

Mírame

Este es un comando muy sutil que inculca buenos hábitos en tu Border Collie. Este perro tiene una mente propia, por lo que necesita recordatorios frecuentes de que tú estás a cargo y que debe observarte para recibir dirección. Esta habilidad será muy beneficiosa cuando se trate de salir a pasear o evitar distracciones. ¡También es útil cuando quieras tomar la foto perfecta de tu Border Collie!

Comienza haciendo que tu perro se siente frente a ti. Dí "Mírame" y, con las manos cerca de sus ojos, sostén una golosina en cada mano. Cuando su mirada se encuentre con las golosinas (o tus ojos), dile "¡Sí!" y déle una golosina. Repite esto hasta que él té mire cuando escuche el comando, incluso si no hay una golosina frente a su cara. Una vez que hayas dominado esto, practícalo cuando tu perro esté sentado y quieto con muchas distracciones. Espera a que tu cachorro siga a una ardilla con los ojos y luego dile el comando. Si te mira, ¡entonces sabrás que lo ha dominado!

Ven

El comando de llamada puede ser muy útil cuando aparece un peligro repentino o simplemente quieres que tu perro entre a casa al final del día. El objetivo final es que deje cualquier cosa fascinante que esté olfateando y regrese a ti. Este comando también puede cambiar completamente la dirección en la que se esté moviendo y redirigirlo hacia ti. Por ejemplo, si tu perro comienza a perseguir a un gato callejero por la calle, un perro con este comando bien entrenado dará media vuelta y correrá de regreso a ti cuando escuche "Ven".

Toma una golosina muy sabrosa y dí con entusiasmo el nombre de tu perro. Si viene corriendo hacia ti para investigar, dile "¡Sí! ¡Buen chico!" y recompénsalo. O si él naturalmente viene a ti, recompénsalo de la misma manera que si lo hubieras llamado. Aumenta la distancia y continúa

Foto cortesía de Sharon Jeffrey

llamándolo y recompensándolo con sabrosas golosinas. Con el tiempo, querrás llegar al punto en que puedas tocar el collar de tu perro sin que salte hacia atrás y huya. Esto es para que puedas sujetarlo en caso de emergencia. Una vez que él comience a entender "Ven", intenta añadir un sentado y quieto para evitar que salga corriendo de nuevo a jugar.

A veces, los dueños llaman a su perro porque se ha portado mal. Cuando esto sucede, la voz del dueño es fuerte y enojada. Esto le enseña al perro que si responde a "Ven", será castigado. Por esta razón, usa el comando de venir solo en situaciones positivas, o tu perro puede no obedecer cuando realmente importe. Lo que quieres es que él piense que venir a ti es lo mejor del mundo.

Suelta

Esta habilidad puede no ser siempre una de las primeras cosas que un dueño enseñe a su nuevo perro, pero puede salvar su vida. Los Border Collies son naturalmente curiosos y ocasionalmente obstinados, por lo que están inclinados a poner en sus bocas cosas que encuentren tentadoras o interesantes. Muchas veces, las cosas que encuentran pueden enfermarlos. O, en algunos casos, tu perro, algo depredador, logrará atrapar a un pobre conejo, y tú vas a querer liberar al pequeño antes de que sea demasiado tarde. A veces vale la pena enseñar este comando para poder jugar exitosamente a buscar la pelota y no pasar la mitad de tu tiempo arrancándosela de su codiciosa boca.

Si juegas a atrapar o buscar con tu Border Collie, esta es una manera perfecta de enseñar el comando. Lanza una pelota y deja que la atrape con su boca. Si suelta la pelota por sí mismo, elogia este comportamiento - "¡Buen chico!" Si tu perro no está tan dispuesto a renunciar a su juguete, sostén una golosina frente a su cara. Lo más probable es que suelte la pelota para que haya espacio para una golosina en su boca. Elogia este comportamiento de la misma manera. Con el tiempo, podrás decirle a tu perro que recoja un objeto y lo vuelva a dejar.

Paseo

Debido a que los Border Collies requieren mucho ejercicio, salir a pasear será una parte necesaria de su vida. Ya que pasarás tanto tiempo en paseos, querrás adiestrar a tu perro de una manera que haga que caminar le sea agradable y no una molestia. Caminar bien con la correa no es intuitivo para la mayoría de los perros. Preferirían correr adelante o quedarse atrás mientras olfatean y exploran cada nuevo olor. Lo que estás buscando es lo que a menudo se conoce como "al pie". Esto significa que tu perro camine cerca de ti con la correa suelta.

Siempre camina con tu perro a tu lado izquierdo. Esta rutina le enseñará que pertenece a un lugar muy específico y no debe deambular por todas partes. Sostén el extremo de la correa con tu mano derecha y desliza tu mano izquierda hasta la mitad de la correa para mantenerlo cerca. De esa manera, si tu perro se sale de posición, la tensión en la correa lo corregirá. Para enseñarle a permanecer cerca de tu cadera izquierda, sostén una golosina en tu mano derecha, guiándolo hacia adelante con la golosina. Si camina contigo, dale muchos elogios y golosinas. Si tu perro te mira en busca de dirección en cualquier momento, haz un gran alboroto sobre lo bien que lo está haciendo. Lo que quieres es que tu perro camine contigo, no que sea él quien te dirija a ti.

Ahora, los Border Collies son perros fuertes y puede que no les importe si hay tensión en la correa. En cambio, avanzarán con fuerza, incluso hasta el punto en que les duela la garganta. Una forma de alertar a tu perro de que su comportamiento no es aceptable es detenerse en seco en el momento en que comience a tirar. Con el tiempo, se dará cuenta de que solo puede ser recompensado cuando camine con la correa suelta. Si eso no es suficiente, haz un giro brusco cada vez que tire. Puede pasar un tiempo antes de que realmente vayan a alguna parte, pero le enseñarás a tu Border Collie que tú estás a cargo del paseo. Algunos dueños cambiarán a un arnés por temor a que el perro se lastime, pero esto a veces solo permitirá que el perro tire más fuerte ya que el arnés no duele. Idealmente, deberías poder pasear a tu Border Collie con un collar de hebilla.

Debido a que es fácil que los malos hábitos en la caminata se manifiesten en tu Border Collie, es importante ser estricto cuando se trata del adiestramiento con correa. No permitas que tu perro tire solo porque está haciendo ejercicio. Puedes encontrarte girando en círculos durante algunos paseos, pero es mejor que permitir que tu perro te arrastre en cada paseo en el futuro. Nunca salgas a pasear sin un bolsillo lleno de golosinas, ya que cada paseo está lleno de oportunidades de adiestramiento. No renuncies a salir a pasear porque tu Border Collie tenga una mente propia. Sigue trabajando en ello hasta que tu perro camine con la correa suelta y no te dé ningún problema.

Una vez que domines estos comandos básicos, puedes continuar construyendo sobre el conocimiento de tu Border Collie. Estos comandos básicos son un buen lugar para comenzar porque pueden salvar la vida de tu perro. Habrá tiempo más tarde para enseñar trucos lindos, así que asegúrate de que tu perro tenga estas habilidades dominadas antes de pasar a nuevos comandos. Un Border Collie que puede hacer todas estas cosas sin que se le pida dos veces será un placer tener en tu hogar y te permitirá dormir tranquilo por la noche, sabiendo que no se meterá en problemas mientras tú estés cerca.

CAPÍTULO 11
Comandos Avanzados

¡El hecho de que tu perro haya dominado lo básico no significa que debas detener el adiestramiento! Junto con la práctica continua de los comandos básicos, es bueno introducir nuevas órdenes para mantenerlo entretenido y obediente. No hay límite para lo que tu Border Collie es capaz de hacer. Así que si tu perro tiene facilidad para hacer trucos, considera participar en competiciones de estilo libre donde tú y él puedan mostrar su arduo trabajo.

Muchos de estos comandos avanzados no son más que divertidos trucos para fiestas, pero tu perro no sabrá la diferencia. Para ellos, responder a las órdenes es un trabajo, y con mucha práctica, se volverán más seguros de sus habilidades. Este capítulo te dará algunos consejos y sugerencias para enseñarle a tu perro algunos comandos avanzados.

Rodar/Hacerse el Muerto

Si tu perro conoce el comando "Abajo" o "Echado", entonces estás bien encaminado para enseñarle a rodar o hacerse el muerto. Cuando tu perro esté en posición de echado, sostén una golosina frente a su nariz y gira tu mano en un círculo. Su cabeza debería seguir tu mano hasta el punto en que termine de lado. Cuando llegue a la posición de "Muerto", marca su buen comportamiento y utiliza el nombre de tu comando. Puedes elegir un nombre de comando divertido como "¡Perro muerto!" o "¡Pum!"

Para rodar, tu perro solo necesita ser capaz de completar la vuelta. Ten en cuenta que rodar es un signo de sumisión en los perros. No importa cuántas veces practiques, algunos perros realmente se resistirán a dar la vuelta completa. Una vez que domines el movimiento para cada una de estas variaciones desde la posición de echado, intenta comenzar desde una posición de sentado para un mayor desafío.

Sentado Bonito

"Sentado bonito" es un truco adorable para hacer con tu Border Collie. También se conoce como "Suplicar" porque el perro está sentado sobre sus patas traseras con las patas delanteras colgando frente a su pecho. Este comando requiere algo de fuerza central y equilibrio en tu perro, así que si no puede sentarse de inmediato, sigue practicando.

Foto cortesía de
Jill Matthews

Para que tu perro adopte esta posición, haz que comience en la posición de sentado. Sostén una golosina frente a su nariz, luego muévela lentamente hacia atrás y sobre su cabeza. Esto debería hacer que mire hacia arriba. Eventualmente, la golosina estará fuera de su alcance, y puede que intente levantar una o dos patas delanteras para alcanzarla. Si mueves la golosina demasiado rápido, puedes hacer que tu Border Collie simplemente salte sobre sus patas traseras. Mueve la golosina lenta y calmadamente, y aunque se tambaleé un poco, tu perro logrará la posición correcta.

Dar la Pata

Este es un truco clásico que a tus amigos y familiares les encantará hacer con tu perro. Para comenzar, haz que tu perro se siente frente a ti. Sostén una golosina en tu mano, cerca de la pata que quieres que levante. Probablemente olfateará y empujará tu mano con la nariz, pero no le dés la golosina. Cuando no pueda obtenerla de esa manera, podría usar su pata para tratar de abrir tu mano. Si intenta usar la pata de cualquier manera, dile el comando y dale la golosina. Continúa así hasta que tu perro responda al comando levantando su pata para que tú la agarres. Si no responde a la golosina en tu mano, puedes intentar tocar la pata o la pierna hasta que la levante. Elogia este comportamiento cuando ocurra.

Recoger

Este es un truco divertido si su Border Collie ya conoce "Tómalo" y "Suéltalo", ¡y es realmente posible enseñarle a tu perro a recoger sus juguetes! Primero, elige un juguete que sea fácil para que élo recoja. Un hueso pequeño o una pelota funcionan bien. Luego, encuentra un pequeño contenedor para usar como caja de juguetes. Un recipiente de plástico pequeño y poco profundo o una caja de zapatos es ideal.

Comienza este truco haciendo que tu perro recoja el juguete. En el momento en que lo haga, deja caer una golosina en su caja de juguetes. Una vez que obtenga su recompensa, vuelve a colocar el juguete y haz que repita el proceso. Con suficientes intentos, anticipará tu próximo movimiento y ajustará su cabeza para recoger la golosina en la caja, dejando caer el juguete cerca del contenedor. Cuando logre meter el juguete en la caja, emociónate y hazle muchos elogios. Lo que quieres es que él sepa que te gusta cuando pone el juguete en la caja.

Equilibrio

Si tienes un cachorro motivado por la comida, este truco es una manera excelente de poner a prueba sus habilidades de obediencia. Haz que tu perro se siente y permanezca frente ti. Luego, sostén suavemente su hocico nivelado y coloca una galleta para perros en la parte superior de su morro. Haz que equilibre la golosina hasta que le digas "Vale" y libéralo de la posición. Antes de liberar a tu perro, mantén tus manos cerca para que no pueda hacer trampa y tomar la galleta antes de tener tu permiso. Este es un buen truco para probar cuando estes trabajando en el comando "Quieto" y necesites un nuevo desafío.

Arrastrarse

Este es un comando que tu Border Collie debería poder aprender fácilmente, ya que es natural para un él querer avanzar lentamente mientras su cuerpo está cerca del suelo. Comienza con tu perro en posición de echado y sostén una golosina en el suelo, justo fuera de su alcance. Tu perro comenzará a moverse hacia adelante para obtener la golosina. Si se ponen de pie, no les dés la recompensa. Intenta de nuevo hasta que tu perro se arrastre hacia adelante unos pocos pasos antes de recompensarlo. Una vez que entienda el truco, aumenta la distancia.

Girar

Hacer que tu perro dé vueltas por una golosina puede ser un ejercicio divertido para él. Haz que tu perro se coloque frente a ti en posición de pie. Sostén una golosina en tu mano y deje que se acerque. Cuando él esté a punto de tomar la golosina, lleva la golosina hacia tu cuerpo, luego hacia afuera y alrededor en un círculo. Tu perro seguirá tu mano y girará mientras tú haces un círculo con tu brazo. Es mejor tener un poco de impulso al entrar en el giro; trata de llamarlo hacia ti para que haya acumulado suficiente velocidad para completar el giro.

Foto cortesía de
Carol Hicks

Bailar

Este es un truco que agrada al público y que todos seguramente amarán. Como hiciste con el comando "Sentado bonito", mueve una golosina frente a tu perro sentado hasta que se pare sobre sus patas traseras. Mueve la golosina un poco más rápido y sosténla más alta para que se levante completamente del suelo. Puede ser difícil para él equilibrarse al principio, así que si tu perro puede pararse sobre sus patas traseras incluso por unos segundos, recompénsalo. Una vez que pueda equilibrarse sobre las patas traseras, mueve la golosina en un círculo como lo hiciste con "Girar". Tu perro bailará y girará mientras tú lo diriges por el suelo. Puedes hacer que tu perro gire en diferentes direcciones cuando se vuelva bueno en ello.

Hablar

Si tu Border Collie ya es vocal, podría ser bueno darle una forma constructiva de usar su voz. Muchos adiestradores de perros creen que enseñarle a hablar a un perro puede evitar que ladre cuando quieras algo de paz y tranquilidad. Pero si tu perro es tranquilo para empezar, puedes simplemente dejar este comando y apreciar el silencio.

Primero, necesitas atrapar a tu perro mientras está ladrando. Si abres las persianas de tu ventana, esto no debería tardar mucho. O algunos adiestradores imitan el ladrido de un perro para hacer que su propio perro se una. Cuando tu perro ladre, dile "¡Sí!" y recompénsalo. A continuación, añade la señal, "Habla". Muchas veces, puedes intuir cuándo tu perro esté a punto de ladrar. Dile la señal, luego recompénsalo cuando ladre ante la señal. Después de algo de práctica, solo recompénsalo cuando ladre después de recibir el comando. Con suerte, tu perro aprenderá que se le anima a ladrar cuando se le da el comando y no ladrará con tanta frecuencia en otras ocasiones.

Identificar Juguetes

Este es un buen truco para un Border Collie porque esta raza es capaz de aprender muchos nombres. Cuando tu perro esté aburrido, esta es la manera perfecta de hacer trabajar su mente. Si ya conoce el comando "Toma", entonces debería ser capaz de identificar juguetes.

Primero, deja que tu perro escuche cómo llamas a un juguete por su nombre. Siéntate en el suelo con tu cachorro y jueguen con el juguete. Di cosas como "Toma Ardilla" o "Suelta Ardilla" hasta que entienda que el nombre del peluche es Ardilla.

A continuación, coloca el juguete junto a algunos objetos que no sean juguetes. Díle a tu perro "Toma Ardilla" y elógialo y recompénsalo si recoge el juguete. Repite esto hasta que lo domine. Luego puedes reemplazar los objetos que no son juguetes con juguetes y ver si obtienes el mismo resultado. Una vez que tu perro haya dominado un nombre, repite el proceso con un juguete diferente. Eventualmente, querrás llegar al punto donde puedas alinear todos los juguetes de tu perro y él elegirá el que tú le nombres.

Una variación de este comando es esconderle los juguetes por toda la casa. Coloca a tu perro en posición de sentado y quieto. Luego díle que encuentre un juguete específico. Si logra buscar por la casa y traérte el juguete correcto, gana el juego y obtiene golosinas. Si trae el juguete equivocado, colócalo de nuevo en la posición de sentado y quieto e intenta de nuevo hasta que lo haga bien. Pueden jugar este juego por la noche o en días donde el clima sea malo, ya que le da a tu perro la estimulación física y mental que necesita sin salir al exterior.

Ir a Casa

Este comando puede ser muy útil si tu Border Collie está suelto en tu jardín delantero y tú quieres que regrese a la casa o al patio trasero. Puede mantener seguro a un perro que deambula, o puede ayudarte a atraer a un perro bien educado y sin correa cuando es hora de entrar a casa. Este comando es una variación de "Ven", pero en lugar de llamar al perro hacia ti, dirige a tu perro hacia tu patio trasero.

El final de un paseo es buen momento para practicar este comando. Es probable que tu perro esté acostumbrado a dirigirse hacia la puerta después de un paseo, y probablemente querrá beber algo de agua y descansar. Si tu perro naturalmente camina delante de ti para ir al patio, dile el comando "Ve a casa" y recompénsalo una vez que consiga ir atrás cruzando la puerta. Una vez que se acerque a su destino, suelta la correa y déjalos caminar el resto del camino por su cuenta. Con el tiempo, será capaz de dejar lo que sea que le interese hacer en el jardín delantero y dirigirse hacia atrás donde estará seguro.

Hay muchos más comandos que puedes enseñar a un Border Collie, pero este es un buen lugar para comenzar. Una vez que tu perro domine un nuevo comando, pasa al siguiente para mantener las cosas frescas, pero no olvides seguir practicando los viejos trucos. Incluso puedes crear una rutina con las habilidades que tu perro ha aprendido. De hecho, ¡los Border Collies a menudo participan en competiciones de baile libre ya que aprenden estos trucos muy rápidamente!

Si tu Border Collie no adopta rápidamente un truco, prueba con otro. Algunos Border Collies no les gusta rodar y exponer su vientre ante un comando, mientras que otros podrían tener problemas para equilibrarse sobre sus patas traseras. No te frustres si tu perro no es bueno en un comando, porque podría ser excelente en otro diferente. Al mismo tiempo, no te rindas demasiado pronto. Mantén el adiestramiento divertido y positivo, y practica con tu perro regularmente. ¡Antes de que te dés cuenta, tu Border Collie será el alma de la fiesta y querrás mostrar todos sus trucos geniales!

CAPÍTULO 12
Cómo manejar los problemas de comportamiento

"El error más grande que puedes cometer durante los primeros meses es permitir que el cachorro se salga con la suya con comportamientos que tú no desees más adelante".

Maggie Pogue
M Bar M Cattle Dogs

Los Border Collies son perros extraordinarios, pero no siempre son ángeles perfectos. Eventualmente, se comportarán de una manera que a ti no te gustará. A los Border Collies les gusta crear sus propias reglas y juegos, y pueden desarrollar extrañas peculiaridades con el tiempo. Esto puede ser especialmente evidente en un perro adoptado, ya que es posible que no provenga de un hogar que le haya proporcionado el adiestramiento necesario a temprana edad. Si ciertos comportamientos indeseados continúan, tu perro desarrollará malos hábitos difíciles de romper. Por eso es importante detectar estos comportamientos cuando ocurran y responder inmediatamente a los problemas en cuestión.

¿Qué es un mal comportamiento?

No existe una lista definitiva de lo que constituye un mal comportamiento en un Border Collie; puede variar de un hogar a otro y de un perro a otro. Por ejemplo, si vives en el campo, quizás no te importe que tu perro ladre mucho pues nadie más puede oírlo. Por otro lado, si vives en un vecindario densamente poblado, no es cortés tener un perro que ladre a todas horas del día. O si no te molesta que tu perro se acurruque junto a ti en el sofá, no será un problema que él salte sobre los muebles. Pero otro propietario puede querer que su perro permanezca en el suelo en todo momento. Con algunos comportamientos, lo que se considera "malo" es una preferencia personal.

Los Border Collies son capaces de ser destructivos cuando les resulta entretenido. Cavar y mordisquear son prácticas comunes del Border Collie aburrido. Es seguro decir que la mayoría de los propietarios no quieren

101

que su perro destruya sus propiedades. Los comportamientos que causan daño a tu propiedad o posesiones son claramente indeseados.

Quizás lo más importante es que debes estar atento a los malos comportamientos que te puedan causar daño a ti, a tu perro o a otros. Si tu perro se vuelve agresivo hacia las visitas, no será seguro que alguien venga a tu casa si no se puede confiar en tu Border Collie. Muchos Border Collies intentan perseguir automóviles o huir de sus humanos porque les parece divertido. Esto puede poner la vida de tu perro en gran peligro y debe abordarse inmediatamente.

Después de vivir con tu Border Collie durante unos meses, comenzarás a notar si hay comportamientos que no conducen a una relación feliz entre ustedes dos. Con suerte, podrás detectar estas peculiaridades y tratarlas antes de que empeoren. Pero, como propietario, debes decidir qué comportamientos serán permitidos y cuáles no serán tolerados.

Foto cortesía de Deborah Morris

¿Por qué mi perro se comporta así?

Para corregir comportamientos indeseados, debes buscar la raíz del problema. Para los Border Collies, muchos malos comportamientos se derivan del hecho de que están aburridos o tienen demasiada energía. Si tu perro cava agujeros en el jardín, pregúntate si está recibiendo suficiente ejercicio y atención. Si encuentras libros destrozados en tu casa cuando regresas del trabajo, reconsidera la cantidad de ejercicio y estimulación mental que le proporcionas a tu perro durante el día.

Algunos comportamientos son resultado del miedo, generalmente derivado de una socialización deficiente. Si tu Border Collie les gruñe a otros perros en el parque, averigua si hay una manera de trabajar lentamente en sus habilidades de socialización. Si le está gruñendo a extraños, tal vez tuvo una mala experiencia que lo hizo desconfiar de personas que no conoce. Quizás necesites dedicar más tiempo a resocializar a tu perro en un entorno seguro.

Otros malos comportamientos son instintivos. Los Border Collies son conocidos por morder tobillos y perseguir automóviles porque su cerebro de pastoreo se lo indica. Estos hábitos son difíciles de romper porque están programados en su cerebro. Pero aún es posible readiestrar a tu perro mediante condicionamiento positivo.

En resumen, no puedes esperar a que tu perro piense de la misma manera racional que lo haría un humano adulto. La frustración a menudo proviene de una falta de comprensión. Cuando veas problemas, pregúntate por qué tu perro podría estar haciendo estas cosas. Intenta pensar como un perro y ve si puedes encontrar una solución a su problema. Un Border Collie quiere complacer, pero sus miedos e ideas extrañas a veces pueden eclipsar ese deseo.

Muchas veces, los Border Collies son abandonados por sus dueños anteriores porque estos no pudieron manejar sus comportamientos indeseados. Estos perros no son necesariamente malos, sino más bien incomprendidos, o el propietario no tenía el conocimiento o la paciencia para tratarlos. Un buen propietario de perros se tomará el tiempo para trabajar con su perro y amarlo a pesar de sus rarezas.

Prevención del mal comportamiento

Para corregir el mal comportamiento de tu perro, debes estar presente para presenciarlo y manejarlo inmediatamente. Al igual que con el entrenamiento para hacer sus necesidades, no puedes corregirlo después de que el evento haya ocurrido. Por ejemplo, no puedes regresar a casa al final del día y regañar a tu perro por cavar un agujero en el jardín. Incluso si lo llevas al agujero, él no entenderá de qué estás hablando, ya que su memoria no es capaz de vincular la excavación con tu enojo. Pero si miras por la ventana y ves a tu perro cavando frenéticamente, puedes llamarle la atención sobre su comportamiento y, con suerte, detenerlo en el momento.

Junto con notar su comportamiento travieso, también es aconsejable practicar el buen comportamiento con tanta frecuencia que tu perro no tenga la oportunidad de aprender otra cosa. Cuando salgan a pasear, nunca dejes que él corra adelante o tire. Practica siempre el comportamiento adecuado al caminar para que nunca encuentre recompensa en hacer lo que quiere hacer.

Recuerda preparar a tu perro para el éxito. Si tu perro se pone nervioso y tira de la correa en lugares llenos de gente, practica caminar en áreas más tranquilas hasta que tu Border Collie esté listo para lugares con más movimiento. Si tu perro no puede dejar de ladrar mientras está en el patio trasero, llévalo adentro y cierra las persianas hasta que tengas tiempo para salir y jugar con él. Si tu perro roe tus zapatos, manténlos fuera de su alcance y proporciónale juguetes masticables apropiados en áreas accesibles. Es frustrante cuando tu perro se porta mal, pero no puedes esperar que actúe como algo más que un animal salvaje hasta que se le enseñe a comportarse adecuadamente.

Cómo corregir a tu perro

Como se mencionó en el capítulo sobre refuerzo, nunca es buena idea castigar a tu perro. Esto solo causará más comportamientos negativos. Pero eso no significa que no puedas corregirlo. Las correcciones pueden hacerse de manera amable de tal forma que no creen heridas duraderas en su psique.

Primero, llama la atención sobre su mal comportamiento. Necesitas tener un marcador que le indique a tu perro que no te está gustando su comportamiento. Algunos aplauden fuertemente cuando detectan un mal comportamiento, mientras que a otros les gusta agitar una lata llena de piedras. Sea lo que sea que hagas, no se trata de asustarlo, sino de captar su atención. Una vez que te reconozca, díle un firme "No". Además, evita hacer cualquier cosa que pueda tomar como recompensa. Perseguirlos por el jardín después de que hayan desenterrado tu jardín de flores es un juego divertido para ellos y, en última instancia, les dará una razón para cavar nuevamente.

A continuación, elogia el buen comportamiento. Si tu perro está ladrando sin parar, aplaude para llamar su atención. En el momento en que se detenga y te mire, elógialo por estar callado. Puedes decir "¡Buen, chico!" y darle una golosina. Elógialo cuando lo sorprendas comportándose bien. Esto refuerza el comportamiento adecuado de tu perro y hace más probable que busque una recompensa por ser un buen perro.

Corrigiendo malos hábitos

Los Border Collies son más propensos a ciertos malos comportamientos debido a su raza. Pero no todos los Border Collies son iguales. Mientras que uno podría no tener interés en ladrar, otro ladrará directamente en la cara de su dueño. Los siguientes malos comportamientos y posibles soluciones no son una lista exhaustiva de los malos comportamientos que podrías ver en tu perro, pero estos pueden ser más comunes en los Border Collies que en otras razas.

Saltar

Los Border Collies son perros amigables, y esto podría hacer que tu perro salte sobre las personas cuando quiera amor y atención. Aunque a ti no te importe que te salte sobre ti, a otras personas sí. Un perro educado espera hasta que el humano lo note y le dé una caricia. Un perro travieso salta sobre las personas, dejando huellas de barro y marcas de garras en su ropa.

No recompenses con atención a un perro que salta. En cambio, rápidamente dale la espalda a un perro que salta. Gírate y quédate inmóvil hasta que tu Border Collie espere pacientemente a que le prestes atención. Cuando esté sentado, recompénsalo por no saltar. Si este es un problema común para tu cachorro, puedes enseñarle el comando "Abajo". Cuando tenga sus patas sobre ti, espera hasta que baje y dile "Abajo" mientras le das una golosina.

Si tu perro es persistente con sus saltos, ata su correa a su collar cuando esté en una situación donde quiera saltar. Cuando veas la mirada en sus ojos que dice que está a punto de lanzarse hacia arriba, pisa la correa. El se dará cuenta que no tiene a dónde ir y no le gustará la sensación de ser retenido. Esto se considera autocorrección y podría detener su hábito molesto.

Escaparse

Esto es una pesadilla para un propietario de perros. De alguna manera, tu perro se suelta y sale corriendo a toda velocidad. Cuanto más rápido lo sigas, más rápido correrá, pensando que está jugando un juego divertido contigo. Solo tú sabes lo peligrosa que es esta situación. Puedes intentar llamarlo, pero no responderá ya que una persecución como recompensa es mejor que cualquier golosina que le estés ofreciendo. Entonces, ¿qué puedes hacer para recuperar a tu perro?

Foto cortesía de
Lynne Frater

Primero, practica el comando "Ven" constantemente si tienes un perro errante. Practica esto en diferentes lugares. También podrías comprar una correa larga, como de seis metros, para práctica avanzada. Haz que tu perro se quede mientras caminas hasta el final de la correa. Luego, llámalo hacia ti. Si no viene, siempre puedes dar un tirón rápido a la correa para recordarle lo que se supone que debe hacer. Practica esto hasta que puedas confiar en él hasta el punto en que pueda estar sin correa.

Pero pueden ocurrir accidentes antes de que tu perro haya perfeccionado su comando de llamada. Ten un plan de respaldo en caso de que él no escuche tus llamadas para regresar. Si a tu perro le gustan los paseos en automóvil, una buena manera de atraparlo es conducir lentamente a su lado y abrir la puerta para que salte dentro. Tu perro podría pensar que el paseo en carro es más gratificante que la carrera y saltará junto a ti.

Si estás a pie, no intentes correr tras él. Es probable que tu Border Collie sea mucho más rápido que tú y desaparezca. Puedes tener más suerte cambiando de dirección y correr de regreso a casa. Tu perro podría pensar que es su turno de perseguirte, en cuyo caso, puedes correr directamente de regreso a tu jardín y cerrar la puerta. Otros descubren que si caes dramáticamente al suelo y te quedas quieto, tu curioso perro volverá para ver qué está pasando. Si tienes la oportunidad, intenta agarrarlo por el collar y asegurarlo.

Perseguir automóviles

Hay algo en un automóvil a toda velocidad que debe recordarles a los Border Collies al ganado, pues esta raza comúnmente persigue vehículos. No solo es irritante estar al otro extremo de la correa cuando un perro se vuelve loco, sino que es extremadamente peligroso. Para romper esta inclinación de tu perro, debes enseñarle que hay más recompensa en caminar bien que en perseguir automóviles.

El comando "Mírame" es útil aquí. Mientras caminas, puedes notar que tu perro se pone en la postura de agachado del Border Collie cuando llega un automóvil. Haz lo que puedas para desviar su atención del automóvil y dirigirla hacia ti. Si tu perro es competente con el comando "Mírame", apartará sus ojos del automóvil y los dirigirá hacia ti. Si logras que el automóvil pase con éxito sin tirones en la correa, dale golosinas sabrosas y muchos elogios. Si tu perro aún tiene problemas para mirarte cuando hay un automóvil en las cercanías, intenta sostener una golosina frente a su nariz y acercarla hacia ti. Esto podría ser suficiente para romper su mirada fija.

Problemas al caminar

Perseguir automóviles es solo una faceta que podría hacer que los paseos sean una pesadilla. Los Border Collies son muy fuertes y pueden tirar de ti fácilmente hacia adelante. Si no están persiguiendo automóviles, se lanzan hacia ardillas y conejos. O tu perro podría querer estar a cargo del paseo y liderar el camino a la velocidad que el desee.

Como se mencionó antes, la mejor manera de evitar estos malos hábitos es enseñar buenos comportamientos al caminar desde el primer día. Pero puedes encontrar que tu perro adoptado no fue adiestrado adecuadamente por su último dueño y es difícil en los paseos. Esto puede crear mucha frustración si no sabes cómo remediar la situación. Es posible que tengas que comenzar desde cero y volver a entrenar sus habilidades de caminar. Comienza caminando con la correa dentro de casa o en el patio trasero hasta que tu perro esté acostumbrado a caminar cerca de tu lado. Luego progresa a un lugar familiar cerca de casa con pocas distracciones. Una vez que tu perro camine mejor, puedes intentar regresar a los lugares donde solía caminar. Averigua qué desencadena que tu perro se porte mal e intenta evitar esos factores hasta que las habilidades estén dominadas. Luego, intégralo lentamente de nuevo en el mundo.

Hay toneladas de collares y arneses en las tiendas de mascotas para elegir, pero el collar plano con hebilla es el mejor. Los arneses pueden

Foto cortesía de Toni Harvey

aliviar algo de la presión en la garganta de un perro que tira, pero pueden enseñarles que está bien tirar porque con el arnés no les dolerá. Si eliges caminar con un arnés, elige uno con un enganche para la correa en la parte delantera. De esta manera, tirar solo hará que se vuelva hacia ti, lo que hace ineficiente que tire. Un enganche en la parte posterior solo fomenta su comportamiento de perro de trineo.

Las cadenas de ahogo no son apropiadas para esta raza. Si tu perro se da a la fuga, puede lesionar gravemente su cuello y garganta porque la cadena puede ejercer mucha presión contra su garganta. Algunos adiestradores apuestan por los collares de púas para fines de adiestramiento, pero son algo controvertidos. El collar de púas tiene pequeñas púas metálicas que hacen que sea incómodo para el perro tirar demasiado fuerte de la correa. Si bien las púas no permiten que se ejerza una presión extrema sobre el cuello y la garganta, pueden ser incómodas para un perro que tira muy fuerte. Por otro lado, este tipo de autocorrección puede ser útil en perros tercos porque aprenden a asociar el mal comportamiento con la incomodidad. Pero si usas este método, también debes usar refuerzo positivo junto con él. Después de que tu perro se corrija a sí mismo, debes darle elogios y golosinas. Este collar solo debe usarse en circunstancias extremas donde tu perro es un peligro para sí mismo o para otros debido a su tirón. Además, solo debe usarse para el adiestramiento y solo mientras sea necesario. Lo ideal es llegar al punto en que puedas volver al collar plano.

Si no estás seguro sobre qué arnés o collar usar, habla con un adiestrador o un veterinario. Pueden proporcionarte consejos específicamente adaptados a las necesidades de tu perro.

Cuándo llamar a un profesional

Si has tomado cursos de adiestramiento, entonces deberías tener un adiestrador de confianza al que puedas contactar con preguntas sobre tu perro. Un veterinario también puede ser útil para dar consejos o referencias de un especialista. A veces, las condiciones no diagnosticadas pueden incluso desencadenar problemas de comportamiento, por lo que los chequeos regulares pueden ayudar a diagnosticar un problema. Cuando se trata de problemas con tu perro, querrás solucionarlos lo antes posible.

Si has intentado todo lo que se te ocurre y aún no ves progreso en tu perro, busca un profesional que pueda ayudarte. De manera similar, si este problema está generando tanto estrés que constantemente te sientes frustrado con tu perro, entonces necesitas ayuda de inmediato.

Un problema de comportamiento puede tensar una buena relación entre un perro y un propietario hasta el punto en que el propietario pierda la esperanza y entregue al perro a un refugio.

Si puedes buscar ayuda rápidamente, tienes una mejor oportunidad de corregir el mal comportamiento antes de que se salga de control. Entre tu conocimiento de las peculiaridades específicas de tu Border Collie y la experiencia y riqueza en conocimientos de un adiestrador, deberías poder resolver rápidamente el problema y solucionarlo. Como resultado, tendrás una mejor relación con tu perro si no hay estrés innecesario entre ustedes.

Los Border Collies son muy divertidos como mascotas, pero requieren una cantidad increíble de trabajo. ¡No solo tienes que adiestrarlos para que se comporten adecuadamente, sino que tienes que corregir comportamientos que ya tienen! Esto puede ser muy frustrante, pero recuerda que hay muchos recursos disponibles para ti.

Prepara a tu perro para el éxito. Si tu perro tiene miedo a los extraños, no lo empujes a una gran multitud y esperes que esté bien. Comienza lentamente y avanza gradualmente. Piensa como tu perro y nunca esperes que sepa algo que no se le enseñó. Puedes condicionar a tu perro, pero no puedes razonar con él. Finalmente, recuerda que el adiestramiento positivo es el mejor. Puedes corregir a tu perro y mostrarle la forma correcta de comportarse, pero el castigo puede ser perjudicial para su comportamiento. La energía positiva y el entusiasmo son muy importantes con un Border Collie.

CAPÍTULO 13
Viajar con Border Collies

Una vez que tengas tu Border Collie, ¡querrás llevarlo a todas partes y mostrarlo al mundo! Sin embargo, puede resultar difícil llevar a tu Border Collie a todos los lugares a los que vayas. Algunos perros adoran los paseos en automóvil, mientras que otros se ponen nerviosos. Y una vez que llegues a tu destino, tendrás que preocuparte por qué hacer con tu enérgico y curioso perro en un lugar desconocido. Como con todo lo relacionado con tu Border Collie, querrás prepararte para hacer tu viaje lo más fluido posible.

Transportines y Sistemas de Sujeción

Foto cortesía de
Lora Raycroft

Si tu Border Collie está acostumbrado al transportín, los viajes en automóvil se vuelven más sencillos. Simplemente coloca a tu perro en su transportín con una manta cómoda y un juguete, asegura el transportín en tu auto, y estarán listo para partir. Un transportín es una forma segura de transportar a tu perro porque no te distraerá mientras conduces y estará protegido en caso de accidente. Si has acostumbrado con éxito a tu perro al transportín, lo más probable es que se sienta seguro y protegido dentro de él y tenga menos probabilidades de ponerse nervioso en viajes largos.

Si decides no utilizar un transportín, es necesario un sistema de sujeción de seguridad. Existen diferentes variaciones de cinturones de seguridad para perros disponibles en tiendas, así que simplemente elige el que mejor funcione para él. Estos dispositivos a menudo se enganchan a los cinturones de seguridad existentes y mantienen a tu perro en su lugar. Cuando utilices sujeciones que se conecten a un collar o arnés, elige un arnés que no asfixie a tu perro en caso de accidente. Lo más importante es evitar que salga despedido del coche, pero también es vital minimizar cualquier otra lesión en caso de colisión.

Preparación para Viajes en Coche

Con suerte, tu perro estará más que feliz de saltar al auto e ir a dar un paseo. Para algunos perros, un viaje en automóvil es una experiencia extraña y aterradora. Además, si tu perro ha viajado a algún lugar que le asuste, como el veterinario, podría asociar el viaje con ese destino temido. Lo ideal es llegar al punto en que tu perro esté tranquilo y feliz en tu auto. De lo contrario, puede causar mucho estrés innecesario cuando necesites llevar a tu perro a algún lugar. Para entrenar a tu Border Collie a disfrutar de los viajes en coche, comienza despacio, sé paciente y ofrécele muchas golosinas.

Para empezar, deja que tu perro olfatee alrededor de tu auto. Los Border Collies son perros curiosos, por lo que querrán investigar un objeto nuevo antes de que se les imponga. Abre la puerta y déjale echar un vistazo al interior. Luego, intenta lanzar una golosina dentro del asiento trasero y fíjate si va tras ella. Si no lo hace, podrías intentar levantarlo para meterlo en el coche y darle una golosina una vez que esté quieto.

Una vez que tu perro se sienta cómodo con el concepto del automóvil, es hora de ponerse en marcha. Comienza con un viaje corto alrededor de la manzana. Si tu perro permanece tranquilo, dale elogios y recompensas. Háblale en tonos suaves y tranquilizadores. A medida que tu perro se sienta más cómodo, aumenta la distancia a recorrer.

Si tu perro está extremadamente nervioso y no hay nada que puedas hacer para calmarlo, habla con un veterinario. No es bueno darle sedantes de forma regular, pero la medicación para un viaje en coche ocasional podría ayudarle. De manera similar, si tu perro se marea en el auto, consulta si tu veterinario puede proporcionarle medicamentos para ayudar con las náuseas.

Viajes en Avión y Estancias en Hoteles

Aunque quizás desees llevar a tu Border Collie a donde quiera que vayas, considera seriamente la importancia de su presencia en el viaje cuando sea necesario viajar en avión. Los Border Collies son perros grandes, y muchas aerolíneas no les permitirán viajar en cabina. En su lugar, viajarán en la bodega de carga, lo que puede ser aterrador para un perro. Los perros sensibles, como los Border Collies, se asustarán con los ruidos fuertes, personas extrañas manipulando su transportín, y sensaciones extrañas. Pueden ocurrir cambios en la temperatura y la presión del aire, y ambos pueden ser perjudiciales para su salud.

Si alguna vez te has preocupado por la posibilidad de que la aerolínea pierda tu equipaje facturado, imagina lo que sucedería si tu perro se perdiera. Además, es una realidad desafortunada que algunos perros sufren problemas de salud debido al vuelo y no sobreviven al viaje. Incluso en la cabina, un vuelo puede ser aterrador para un perro sensible. Antes de volar con tu Border Collie, considera todas las opciones. Desafortunadamente, el transporte aéreo no siempre se adapta a nuestros amigos peludos. Pero si no te queda otra opción que volar, asegúrate de que tu perro tenga comida y agua en su transportín, que tu información de contacto esté tanto en el perro como en el transportín, y que tú tengas la información de contacto correcta de la aerolínea en caso de que tu perro se pierda.

Una vez que llegues a tu destino, probablemente te alojarás en un lugar desconocido. Algunos perros disfrutarán de la oportunidad de olfatear los nuevos olores, pero a otros les resultará difícil relajarse. Intenta llevar mantas y juguetes familiares para mantener a tu perro ocupado y cómodo. Si debes dejar a tu perro solo en una habitación de hotel, trate de que tu tiempo fuera sea lo más corto posible. No querrás que tu perro piense que lo has abandonado en un lugar extraño o volverás a una habitación de hotel destrozada. Además, si tu perro está acostumbrado al transportín, podrías mantenerlo en su transportín durante períodos cortos mientras tú estás fuera solo para que se sienta seguro. Cuando regreses, salgan a dar un largo paseo o visiten un parque para perros para quemar el exceso de energía. De lo contrario, puedes recibir quejas sobre un perro inquieto causando estragos en una habitación de hotel.

Residencias Caninas y Cuidadores de Perros

Las residencias caninas y los cuidadores de perros son buenas opciones cuando vas a estar fuera de la ciudad por un tiempo y no quieres estresar a tu perro con un viaje. Si conoces bien a tu perro, probablemente podrás determinar cuál es la mejor opción para él. Aunque los precios pueden variar, tú sabes lo qué creará la menor cantidad de estrés en tu perro único.

Las residencias caninas y los hoteles para perros son generalmente lugares seguros para que los perros se alojen mientras sus dueños están

Foto cortesía de
Elizabeth Windle

Foto cortesía de
Craig Groves

ausentes. Estos negocios le dan a tu perro su propio espacio individual mientras también le permiten socializar con otros perros. Esta puede ser la mejor opción si tu perro ama jugar con otros perros y no le molesta el ruido adicional. Puede que no sea una opción en absoluto si no está bien socializado con otros perros y tiene fobias al ruido. El ladrido constante podría asustar a tu mascota, y sin ti para rescatarlo, los otros perros podrían intimidarlo demasiado para su gusto.

Pero si a tu perro le encanta jugar con otros, esta puede ser una buena manera para que obtenga el ejercicio y la atención que necesita. Tu perro estará tan ocupado jugando con otros que olvidará que te fuiste.

Las residencias caninas varían de un lugar a otro, por lo que es necesario asegurarse de tener una buena antes de enviar a tu perro allí por un período prolongado. Reúnete con un empleado y haz un recorrido por las instalaciones. ¿Está limpio el edificio? ¿Hay suficiente espacio para que tu perro se mueva? ¿Los empleados son atentos y amables? Una buena residencia estará encantada de responder cualquier pregunta que tengas.

Otro beneficio de llevar a tu perro a una residencia es que siempre hay alguien allí para vigilarlo. No necesitas preocuparte de que esté aburrido, destruyendo tu propiedad o llorando por querer salir a hacer sus necesidades. No necesitas preocuparte de que tu perro esté afuera en condiciones climáticas adversas o encerrado todo el día. Y, si has encontrado una residencia realmente excelente, sabrás que él lo estará pasando bien y recibiendo toda la atención que necesita.

Antes de dejar a tu perro, pregunta si puedes llevarlo a olfatear el lugar. Contigo a su lado, se sentirá seguro mientras se acostumbra a todos los nuevos sonidos y olores. De esta manera, no entrará en pánico cuando lo dejes al comienzo de una larga estancia.

Pero las residencias caninas no son la mejor opción para todos los perros. Los perros que no se llevan bien con otros y los perros con muchos miedos pueden no adaptarse bien a una residencia. Si esto describe a tu Border Collie, querrás encontrar un cuidador de perros mientras estes de viaje. Esta es una persona que es contratada para que pase varias veces al día a revisar a tu perro. Este trabajo a menudo recae en un vecino, pariente o amigo, pero también hay cuidadores profesionales de perros que se ganan la vida cuidando las mascotas de otras personas.

Quizás lo más importante que necesites en un cuidador de perros es alguien que tenga experiencia con Border Collies. Como probablemente has descubierto, los Border Collies son perros únicos que tienen

Foto cortesia de Adele Sanderson

requisitos especiales. Pueden pasar de estar tranquilos a dar vueltas alrededor del jardín en un instante. Una visita rápida para sacar a tu perro unas pocas veces al día no será suficiente interacción para él.

Si tu perro necesita mucha atención, podrías intentar llegar a un acuerdo donde él se quede con el cuidador. De esta manera, es más probable que reciba los mimos que necesita para ser feliz. Sin embargo, si él se pone nervioso en lugares nuevos, es posible que desees que el cuidador venga a tu casa. Si este es el caso, podrías considerar contratar a un paseador de perros además de la persona que va a ir a revisar a tu perro.

Al decidir qué hacer con tu Border Collie mientras estás fuera, ten en cuenta la personalidad de tu perro. Una vez que hayas tomado tu decisión, permite que él visite el lugar donde se alojará y a las personas con las que interactuará. Haz esto antes de irte para no sorprender a tu inteligente perro.

*Foto cortesía de
Phil Leicht*

Consejos para Viajar con Border Collies

Si decides llevar a tu Border Collie contigo en tus viajes, hay algunas cosas que pueden facilitar ese momento, ya sea que vayas al otro lado del país o simplemente al otro lado de la ciudad.

Cuando conduzcas largas distancias, deténte con frecuencia para darle a tu perro tiempo de estirar las patas. Las áreas de descanso pueden funcionar para algunos perros, pero ten en cuenta que, si tu Border Collie persigue automóviles, ver a los vehículos acelerando por la autopista puede ser una distracción. Si tienes la oportunidad, intenta detenerte en una ciudad del camino, que tenga un parque para perros para que él haga algo de ejercicio. De esta manera, es más probable que tu perro duerma el resto del viaje y tenga menos energía ansiosa.

Si haces una lista de verificación para empacar, haz una para tu perro así te aseguras de no tener que devolverte por algo que olvidaste. Es útil tener una bolsa o cesta designada para los elementos esenciales de viaje de tu Border Collie. Platos, comida, golosinas, collares y correas, y una variedad de juguetes son elementos necesarios para un viaje corto. También podrías querer mantener un suministro de agua en tu auto en caso de que no tengas un lugar para llenar su tazón en el camino.

Aunque tu perro debe tener identificación en su cuerpo en todo momento, es especialmente crucial cuando está lejos de casa. No siempre es lógico, pero cuando los perros se asustan, a menudo corren lo más lejos posible. No se necesita mucho para que un Border Collie sensible se sobresalte o se involucre en una persecución. Si tu perro se pierde, puede ser lo único que ayude a reunirlos.

Finalmente, recuerda darle un poco más de ejercicio de lo habitual mientras viajas, si es posible. Un perro cansado será mucho más fácil de manejar que un Border Collie enérgico o ansioso. Es posible que tengas que hacer algunas paradas o adaptaciones adicionales para lograrlo, pero será extremadamente útil que tu Border Collie se comporte de la mejor manera.

Viajar con tu Border Collie no tiene que ser estresante. Prepáralo para cualquier experiencia nueva, planifica con anticipación y mantenlo activo para obtener mejores resultados. Puede que pase tiempo antes de que estés listo para viajar con tu Border Collie (o dejarlo en casa), pero con una cuidadosa preparación, todos estarán tranquilos cuando llegue el momento de tu viaje.

CAPÍTULO 14
Nutrición

"¡Diviértete con tu perro! Los Border Collies son una raza extraordinaria y tienen mucho amor para ofrecer. No todos los perros son perfectos ni todos serán iguales. ¡Ama al perro que tienes, no al que imaginaste!"

Josie Casebere
https://borderlinekennels.wixsite.com/mysite

Al igual que en los humanos, los perros necesitan una combinación saludable de los nutrientes adecuados para que se sientan sanos y tengan mucha energía. Sin embargo, los caninos tienen necesidades únicas que deben satisfacerse. Estas necesidades nutricionales pueden variar de una raza a otra, por lo que no cualquier alimento para perros servirá. Una dieta saludable puede mantener a tu perro sintiéndose bien ahora y también construir una base de buena salud que le permitirá mantenerse saludable en la vejez. Este capítulo cubrirá lo que tu Border Collie necesita comer y lo que no debería comer.

Los Border Collies son más felices cuando pueden trabajar y jugar. Una dieta que no respalde su ejercicio los dejará sintiéndose letárgicos. Además, si tu perro consume demasiadas calorías, cargará con peso extra que puede ser perjudicial para su organismo. Y los Border Collies tienen ciertos problemas de salud que pueden prevenirse con los nutrientes adecuados. En resumen, la salud general de tu perro proviene de una buena alimentación.

¿Qué necesitan los Border Collies en un alimento para perros?

Muchas veces, los humanos proyectan sus propias preocupaciones dietéticas en sus perros, temiendo ingredientes como los carbohidratos y las grasas debido a las tendencias dietéticas humanas. Si te encuentras preocupado por los ingredientes en la etiqueta de un alimento para perros, recuerda que los perros son una especie completamente diferente. Aunque nuestros perros son diferentes a sus ancestros caninos, ellos comían animales enteros, incluyendo grasa y órganos.

Foto cortesía de
Elizabeth Windle

Restringir ciertos nutrientes eliminando determinados alimentos puede provocar deficiencias nutricionales en tu perro. En caso de duda, consulta con tu veterinario.

Los tres grupos principales de nutrientes que encontrarás en un alimento para perros son carbohidratos, proteínas y grasas. En general, las razas pequeñas necesitan un alimento con mayor contenido de proteínas, y los perros más grandes necesitan más carbohidratos. Pero, dependiendo de cuán activo sea tu Border Collie, un poco más de proteína y grasa puede ser beneficioso cuando se trata de energía duradera y reconstrucción muscular. Un alimento para perros que contenga alrededor de 25-30% de proteína debería funcionar perfectamente para tu Border Collie.

En cuanto a las proteínas, las fuentes mixtas suelen ser las mejores. Diferentes carnes tienen diferentes nutrientes, por lo que cuando las combinas, proporciona una gama más amplia de elementos beneficiosos que tu perro necesita para estar saludable. El pollo es probablemente la carne más común que se encuentra en los alimentos para perros. Pero las carnes rojas contienen hierro, que favorece la salud de las células sanguíneas. Además, el pescado es excelente para los perros porque tiene grasas buenas que mantendrán su pelaje suave y brillante. Como ventaja adicional, los alimentos para perros con pescado suelen tener un aroma fuerte, ¡lo que los hace absolutamente irresistibles para ellos!

En cuanto a los carbohidratos, no todos son iguales. Los carbohidratos simples le darán a tu perro mucha energía de una sola vez, pero lo dejarán cansado y letárgico más tarde. Los carbohidratos complejos le proporcionan energía duradera y pueden ayudarlo a sentirse satisfecho por más tiempo, pero la fibra adicional es más difícil de digerir para algunos perros. Busca alimentos con una combinación de carbohidratos simples y complejos. Por ejemplo, el arroz, la avena y la cebada pueden ser bastante fáciles de digerir, pero también proporcionan una mezcla de energía de liberación rápida y lenta.

Algunos perros tienen problemas para digerir ciertos alimentos o tienen alergias. Por esta razón, muchos alimentos se jactan de no contener maíz, trigo o soja, tres ingredientes que se dice causan problemas estomacales en los perros. Si bien esto puede ser cierto para algunos perros, ciertamente no es una característica universal. Si notas que tu perro tiene malestar estomacal, exceso de gases o diarrea, esto podría ser una señal de que su alimento no le sienta bien a su sistema digestivo, y a veces, estos granos pueden ser la causa. Afortunadamente, existen toneladas de alimentos para perros que utilizan fórmulas "sin granos" si esto es necesario para tu mascota.

Las grasas son una parte importante de la dieta de un perro, y no debes temer que causen que tu perro aumente de peso. Las grasas y aceites contienen mucha energía que puede alimentar a un Border Collie activo. Estos también son los nutrientes que mantienen su pelaje sedoso y brillante y su piel saludable. Algunas grasas pueden ser mejores para tu perro que otras. Los ácidos grasos omega se encuentran en el pescado y varias fuentes vegetales y son excelentes para la salud y su bienestar general. Son estupendos para la piel y el pelaje, pero también apoyan la salud cerebral, lo cual es vital para tu inteligente Border Collie. Muchos alimentos para perros contienen pescado, aceite de pescado, linaza o semillas de chía por esta razón. Y, aunque puede parecer extraño que ingredientes como la grasa de pollo estén incluidos en algunos alimentos para perros, esta es una parte perfectamente normal de su dieta. Si bien

el exceso de grasa puede ser perjudicial para el organismo, se necesita un poco para apoyar las funciones saludables en su perro.

Si alimentas a tu perro con un alimento comercial para perros, probablemente no tengas que preocuparte de que él obtenga todos los nutrientes necesarios, porque la mayoría de las empresas hacen un buen trabajo incluyendo todos los nutrientes necesarios. Las compañías de alimentos para perros agregan diferentes ingredientes que básicamente equivalen a una píldora multivitamínica diaria para tu perro. Por ejemplo, es posible que tu perro no esté obteniendo su vitamina C de la fruta, como lo haría un humano, sino que se agrega como ácido ascórbico. A menos que tu perro tenga deficiencias nutricionales diagnosticadas por un veterinario, un alimento comercial para perros debería cubrir sus necesidades.

Algunos alimentos para perros contienen frutas y verduras reales, que pueden ser incluso mejores que la mezcla de vitaminas y minerales

Foto cortesía de William Post

que incluyen la mayoría de los alimentos. Las frutas y verduras enteras contienen nutrientes que ayudan al organismo a absorber vitaminas y minerales esenciales y también contienen antioxidantes, que promueven la buena salud en tu perro.

Los Border Collies ocasionalmente sufren de problemas articulares, por lo que podría ser una buena idea asegurarse de que su alimento incluya nutrientes para apoyar esto. La glucosamina es un compuesto que puede aumentar la movilidad y disminuir el dolor en las articulaciones de un perro mayor. Y cuando se administra a un perro sano en cantidades moderadas, incluso puede prevenir futuros problemas articulares. Debido a que los Border Collies son tan activos y obtienen tanta alegría del movimiento constante, sus articulaciones deben mantenerse saludables. La glucosamina a menudo se agrega en alimentos para perros grandes como suplemento, pero también puedes verla en ingredientes como el cartílago de pollo. Es otro de esos ingredientes que suena desagradable, pero el cartílago animal en la dieta puede mejorar la salud articular de tu perro.

¿Cómo elijo un alimento para perros?

Cuando visites la tienda de mascotas, encontrarás que hay pasillos enteros llenos de diferentes tipos de alimentos. Puede ser muy abrumador y confuso si no sabes exactamente lo que estás buscando. Esta sección debería ayudarte a reducir tu búsqueda y que puedas tomar una decisión informada sobre lo que estás comprando para nutrir el organismo de tu Border Collie.

Primero, notarás que el alimento viene en variedades tanto húmedas como secas. Aunque tu perro podría sentirse más atraído por el alimento húmedo ya que la humedad produce más aroma, el seco es mejor para la mayoría de los perros. Las excepciones incluyen que tu perro sea tan exigente que no toque el alimento seco o que problemas bucales impidan que coma alimentos crujientes.

El alimento seco es bueno para los perros porque raspa la placa de los dientes cuando tu perro lo mastica, mientras que el alimento húmedo se adhiere a los dientes y puede provocar caries. Como ventaja adicional, es más fácil comprar alimento seco en grandes cantidades, lo que ayuda con los gastos mensuales destinados a tu mascota.

A continuación, deberás tener en cuenta la etapa de vida de tu perro. Las fórmulas para cachorros están hechas con un equilibrio especial de nutrientes para mantenerlo energizado y darle lo que necesita para convertirse en un adulto saludable. Estas fórmulas a menudo se fabrican en pequeñas piezas de croquetas para adaptarse a la pequeña boca de tu cachorro. Aunque es posible que no notes efectos perjudiciales si lo alimentas con una fórmula para adultos, pueden ocurrir complicaciones en algunos perros. Por ejemplo, las cantidades aumentadas de calcio en el alimento para adultos pueden hacer que un cachorro crezca demasiado rápido, lo que lleva a problemas esqueléticos. En caso de duda, opta por el alimento para cachorros, a menos que tu veterinario diga que el alimento para adultos sería adecuado para é. En una casa con varios perros, puede ser difícil proporcionar más de un tipo de alimento, así que consulta con tu veterinario antes de alimentar a todos tus perros con la misma fórmula.

También notarás que hay muchos precios diferentes en los alimentos para perro. Algunos son bastante baratos, mientras que otros parecen absolutamente inasequibles. La diferencia de precio se debe típicamente a la calidad de los ingredientes. Los alimentos baratos para perros tienen muchos granos de "relleno", como maíz, trigo y soja, que no son adecuados para algunos perros y pueden no proporcionar energía duradera. Estos alimentos también contienen subproductos animales, que a algunos propietarios no les gustaría ver en la comida de su perro. Si bien estas carnes suelen ser los restos que no son aptos para el consumo humano, no son necesariamente terribles para él.

Los alimentos para perro de gama más alta contienen granos enteros, carnes enteras y frutas y verduras. Nutricionalmente, estos alimentos pueden ser un poco más saludables y apetitosos para tu perro. Sin embargo, un precio elevado no es asequible para todos los propietarios, especialmente cuando tu Border Collie en crecimiento devora varias tazas al día. Un alimento en el rango medio de precio debería ser lo suficientemente bueno para la mayoría de los perros. Estos alimentos contienen buenos ingredientes para mantener a tu perro saludable sin arruinar tu presupuesto. Si no estás seguro de con cuál marca alimentar a tu Border Collie, pregunta a tu criador o a un veterinario por recomendaciones. Además, no olvides pedir la opinión de tu perro. Algunos perros son particulares sobre ciertos sabores. Trata de recopilar muestras de alimentos de tiendas de mascotas o compañías de alimentos para perros, para encontrar el alimento que más le guste.

¿Cuánta comida necesita mi perro?

Las necesidades calóricas de tu perro pueden calcularse utilizando su peso, edad y nivel de actividad. Debido a que los Border Collies son generalmente más activos que la mayoría de los perros, descubrirás que requieren un poco más de comida para mantenerse en un peso saludable. La edad también es importante tenerla en consideración. Un cachorro necesitará más comida en relación con su peso porque se necesitan muchas calorías para crecer hasta convertirse en un perro adulto. De manera similar, un perro viejo no necesitará tantas calorías como un adulto joven.

La mejor manera de calcular cuánta comida darle a tu perro es usar su peso. Cada alimento para perros tiene un recuento de calorías diferente, por lo que cada bolsa contiene una tabla para relacionar el peso de tu perro con la cantidad de alimento que debe comer al día. Después de un tiempo, podrás notar si tu perro está manteniendo su peso saludable, o si está ganando o perdiendo. A partir de ahí, agrega o resta a la cantidad de alimento que le estás dando diariamente para ayudar a que su peso se mantenga en el camino correcto.

Comida de personas

Puede ser muy tentador darle a tu adorable Border Collie sobras de la mesa, especialmente cuando te miran con sus grandes ojos y gimen. Pero debes tener cuidado con cómo procedes. Algunos alimentos para personas pueden causar graves problemas de salud en los perros. Por ejemplo, podrías saber que las cebollas pueden ser mortales para los perros, pero podrías olvidar que cocinaste algo usando cebollas para dar sabor y se lo diste inadvertidamente a tu perro. O puedes darle los recortes de grasa de tu plato cada vez que comes un bistec, pero no tienes en cuenta la grasa que ya están recibiendo en su dieta y les das más de lo que su sistema puede manejar.

Dar o no dar a tu cachorro comida de personas es una de esas reglas del hogar que debes decidir en los primeros días de tener a tu nuevo Border Collie. Incluso si le das alimentos saludables, hacerlo de la manera incorrecta puede conducir al comportamiento indeseado de mendigar comida que te volverá loco. ¡Puedes arrepentirte de darle a tu perro un bocado de tu sándwich debajo de la mesa cuando tu Border Collie gima y te de golpecitos cada vez que intentes comer! Para muchos propietarios, es más fácil simplemente prohibir toda la comida de personas en la dieta de su perro.

Pero hay algunos casos en los que podrías querer incorporar algunos de tus alimentos en su dieta. A algunos propietarios no les gustan los alimentos comerciales para perros y optan por hacer los suyos propios. Con la orientación de un veterinario, esta es una forma perfectamente aceptable de alimentar a tu perro. Tomará mucho tiempo y dinero extra, pero puedes preparar tu propia comida para perros en casa y así sabrás exactamente lo que contiene.

También puedes usar comida de personas como premios de entrenamiento. La variedad es importante cuando se trata de premios de entrenamiento. Si tu perro se aburre de los mismos premios comprados en la tienda, podría estar menos inclinado a realizar las tareas. Pero si introduces un premio sabroso y saludable, como arándanos o batatas al vapor, tu perro podría estar más motivado para trabajar. A tu perro le pueden gustar las frutas y verduras, pero asegúrate de que sean adecuadas para él antes de servírselas. Las cebollas, las uvas y los aguacates son algunos de los productos que pueden enfermarlo gravemente. Sin embargo, las bayas, las verduras de hoja verde y las zanahorias o batatas al vapor son bajas en calorías, llenas de nutrientes y ya se encuentran en muchos alimentos para perros.

Si alimentas a tu perro con tu comida, asegúrate de hacerlo de una manera que no asocie tus comidas con su recompensa. Coloca la comida en su plato, mucho antes o después de que tú te sientes a comer. Nunca le des comida directamente de la mesa. Además, ten cuidado con lo que le estás dando de comer a y cuánto le estás dando. Un poco de un alimento saludable puede ser una buena manera de mimar a tu perro, pero demasiado de algo malo lo puede enfermar gravemente. En caso de duda, quédate con las croquetas y los premios para perros.

Alimentar a tu perro puede parecer complicado cuando hay tantos alimentos para elegir, pero una vez que encuentres uno bueno, probablemente no tendrás que preocuparte por ello nuevamente. Busca alimentos para perros que contengan una variedad de buenos ingredientes y una amplia gama de nutrientes. Aliméntalo con la cantidad sugerida y haz ajustes según sea necesario para que no se vaya a desnutrir ni a tener sobrepeso. Y cuando se trate de alimentar a tu perro con comida de personas, ten precaución. Los Border Collies tienen una voluntad fuerte, y si les das un sabor de algo especial, ¡simplemente pedirán más!

CAPÍTULO 15
El Acicalamiento de Tu Border Collie

"Mudarán su pelaje aproximadamente dos veces al año y hay bastante caída de pelo durante ese tiempo. Los baños semanales/ quincenales reducen la cantidad de pelo suelto en la casa."

Maggie Pogue
M Bar M Cattle Dogs

Los Border Collies son perros hermosos, y tú querrás que el tuyo luzca bien todo el tiempo. Afortunadamente, los Border Collies son una raza canina que requiere relativamente poco mantenimiento en cuanto al acicalamiento. Ni el tipo de pelo liso ni el de pelo áspero necesitarán visitas regulares a la peluquería canina para cortes, ¡lo que te ahorrará mucho dinero a largo plazo! Sin embargo, esto no significa que tu Border Collie no requiera algo de trabajo para lucir su mejor aspecto, pero podrás hacerlo en casa con algunas herramientas especiales.

El Pelaje

Los Border Collies vienen en dos variedades: el tipo de pelo corto y liso, y el tipo de pelo largo y áspero. En cuanto a la facilidad de acicalamiento, el tipo de pelo liso es sumamente sencillo de cuidar. Su pelaje corto no se enreda fácilmente, por lo que con algo de cepillado para eliminar la capa interna que se desprende, tu perro estará en buenas condiciones. Si este perro se ensucia, la limpieza puede requerir solo una rápida pasada con un paño. Esta es la razón por la que muchos Border Collies de pelo liso trabajan en el campo. Su pelaje no se enreda fácilmente en las ramas y es simple de cuidar.

El Border Collie de pelo áspero tiene un pelaje largo y suave. Si este pelaje no se cepilla con frecuencia, se formarán enredos y nudos. Para este tipo de pelaje, es posible que necesites varios tipos diferentes de peines y cepillos para evitar que la capa interna se apelmace, o que la capa externa se vuelva opaca y enredada.

Para cualquier tipo de Border Collie, un cepillo de púas básico es un buen punto de partida. Este se asemeja al cepillo común para el cabello humano. Muchos de estos cepillos son de doble cara, con un lado que tiene púas metálicas para desenredar, y el otro lado con cerdas naturales o artificiales para alisar el pelaje y redistribuir los aceites para dar brillo.

Con el tipo de pelo largo, es posible que te encuentres con que este cepillo solo desenreda el pelo de la capa externa. Especialmente en verano, cuando tu perro comienza a mudar su pelaje de invierno, un cepillo cardador puede ser útil para eliminar el exceso de pelo. Estos cepillos tienen púas largas y estrechas que llegan hasta la capa interna para eliminar el exceso de pelusa. Si tu perro ha desarrollado nudos, existen peines desenredantes que pueden adelgazar el pelo enredado sin arrancarlo ni molestar a tu perro.

Si te encuentras en una situación donde los enredos y nudos de tu perro están fuera de control, es posible que necesites usar tijeras para el nudo. Si tienes un perro inquieto, unas tijeras de seguridad para niños con puntas redondeadas pueden ser la mejor opción. Corta cuidadosamente los pelos que no se pueden desenredar. Cualquier recorte excesivo del pelaje de tu Border Collie lo dejará sintiéndose desnudo y con un aspecto extraño.

La Hora del Baño

Es inevitable que tu curioso Border Collie eventualmente salte en charcos de lodo o se revuelque en cosas desagradables. Cuando esto suceda, necesitarás darle un baño. Desafortunadamente, no todos los Border Collies disfrutan del agua, por lo que la hora del baño podría

Foto cortesía de
Lori Steele

resultar difícil. Cuando enseñes a tu cachorro a tolerar la hora del baño, usa muchos elogios y premios para intentar que tu perro asocie los baños con cosas buenas en lugar de las sensaciones y sonidos extraños asociados a él. Debido a que los Border Collies pueden ser muy tercos y fuertes, puede ser un desafío mantener a uno en la bañera si no quiere estar allí.

Es útil si tu bañera tiene un accesorio de ducha desmontable que se pueda usar para rociar suavemente el pelaje de tu perro. Una taza de agua y una palangana con unos pocos centímetros de agua pueden hacer lo mismo, pero poder rociar a tu perro con la manguera de la ducha puede reducir el tiempo de baño. Si tu perro tiene dificultades para quedarse quieto, puedes intentar esparcir una cucharada o más de mantequilla de cacahuete en la parte posterior de la pared de tu ducha (limpia). Esto le dará algo sabroso que lamer mientras tú trabajas, manteniéndolo distraído y tranquilo durante unos minutos.

Debido a que los Border Collies a veces pueden ser susceptibles a alergias cutáneas, es una buena idea usar un champú suave. Una fórmula destinada a pieles secas o sensibles funciona bien para la mayoría de los Border Collies. Después de frotar a tu perro, asegúrate de enjuagar muy bien. La acumulación de jabón puede causar piel seca y con picazón, y un pelaje opaco. Además, trata de bañar a tu perro lo menos posible. Un baño cada par de meses no causará demasiado daño a los aceites de la piel y el pelaje, pero un baño semanal podría resecar la piel sensible.

Foto cortesía de Jo Hicks

Además, ten especial cuidado de no dejar que entre agua en los ojos o los oídos de tu perro. En lugar de enjuagar la cara con agua corriente, usa una toallita para limpiar suavemente alrededor de las áreas sensibles. Si el agua queda atrapada en el oído, la humedad puede crear un caldo de cultivo para infecciones. Además, una experiencia incómoda podría crear una aversión a la hora del baño en general para un perro inteligente como el Border Collie.

Una vez que tu perro salga de la bañera, sécalo con una toalla y permítele sacudirse un poco para eliminar algo de agua por sí mismo. Espera hasta que su pelaje esté seco antes de cepillarlo, ya que el pelo largo puede enredarse y romperse cuando está mojado.

Recorte de Uñas

Muchos perros no disfrutan que les recorten las uñas, pero sigue siendo necesario. No solo las uñas recortadas evitarán que tu perro te arañe a ti o a tus muebles, sino que también prevendrán el dolor más adelante. Cuando las uñas largas se clavan en el suelo duro, pueden causar estrés en las patas. Con el tiempo, caminar con uñas largas puede crear mucho dolor y daño en las patas y piernas. Llevar a tu perro a caminar sobre concreto puede desgastar naturalmente las uñas, pero una vez que escuches el chasquido sobre una superficie dura, es cuando sabrás que es hora de recortarlas. Esto puede realizarlo un peluquero canino, pero es mucho más económico hacerlo en casa por ti mismo.

Nuevamente, necesitas asociar el corte de uñas con una recompensa, de lo contrario, tu Border Collie luchará por quedarse quieto. Antes de cortar una uña, practica sosteniendo la pata de tu perro sin que la retire bruscamente. Una vez que tu perro se sienta cómodo con alguien tocando sus patas y uñas, puedes comenzar a recortar.

Comienza recortando solo las puntas. Si cortas demasiado de una vez, corres el riesgo de cortar la matriz vascular, o el suministro de sangre para la uña. Esto es muy doloroso y hará que tu perro sangre mucho. En consecuencia, tu Border Collie recordará este dolor y nunca más permitirá que alguien le corte las uñas de nuevo. Si tu perro tiene uñas claras, es fácil ver la matriz rosada en la uña. Pero si te preocupa cortar demasiado, algunos cortaúñas para perros tienen un protector de seguridad que evitará que quites demasiado.

Cuando termines, dale a tu Border Collie un premio por tolerar el recorte. Si encuentras que tu perro lucha demasiado cuando comienzas a cortar las uñas, recorta una pata y dale un descanso antes de hacer la otra. Puedes descubrir que hay menos lucha cuando tomas cuatro días para cortar todas las uñas en lugar de todas ellas de una sola vez.

Cepillado de Dientes

Cepillar los dientes de tu perro no es solo necesario para tener dientes blancos y buen aliento. Las enfermedades de los dientes y las encías pueden hacer que comer sea extremadamente doloroso para él, especialmente en la vejez. Las enfermedades de los dientes y las encías también pueden hacer que las bacterias se propaguen a otras partes del cuerpo, incluido el corazón. Por lo tanto, el cepillado regular puede potencialmente extender su vida.

Necesitarás un cepillo de dientes pequeño o un cepillo con cerdas de goma que pueda deslizarse sobre tu dedo. Mientras que las cerdas regulares pueden eliminar más placa de los dientes de tu perro, las cerdas de goma son más suaves para las encías sensibles que sangran. Luego necesitarás pasta de dientes diseñada para perros. La pasta de dientes para humanos no funcionará porque hace espuma y contiene flúor. Básicamente, no puedes usar pasta de dientes que tenga que ser escupida. Las tiendas de mascotas ofrecen varias variedades de pasta de dientes en una variedad de sabores, como pollo, carne y mantequilla de cacahuete.

Antes de comenzar a cepillar, practica tirando de las encías de tu perro hacia atrás tocando ligeramente sus dientes. Esto también es bueno para prepararlo para el veterinario. Una vez que tu perro se sienta cómodo con alguien hurgando en su boca, es hora de cepillar. Concéntrate en los lados externos de los dientes posteriores, ya que tienden a acumular la mayor cantidad de placa. Los lados de los dientes que dan hacia el interior de la boca ya deberían estar bastante limpios, ya que estas superficies son frecuentemente raspadas por las croquetas crujientes.

Además de cepillar los dientes de tu perro regularmente, dale muchos juguetes para masticar y cuerdas para roer. Los huesos duros pueden limpiar los dientes, mientras que las cuerdas funcionan como hilo dental para hacer que los dientes de tu perro brillen.

Una razón por la que es importante cepillar sus dientes regularmente es que previene la acumulación seria de placa y sarro que solo puede ser limpiada por un veterinario. Estas limpiezas profundas requieren que tu perro se someta a anestesia, lo cual es costoso y puede ser difícil para algunos perros. Pero con solo unos minutos cada pocos días, puedes reducir seriamente la cantidad de placa en sus dientes hasta el punto de poder evitar por completo las limpiezas profesionales.

Limpieza de Orejas

Las orejas de tu Border Collie deben limpiarse cuando parezcan estar sucias o si tu perro se rasca o sacude mucho la cabeza. Para hacer esto, compra una solución limpiadora de oídos en la tienda de mascotas o en el consultorio de tu veterinario. Para descomponer la cera más adentro del oído, pon un poco de solución en el canal auditivo y masajea la base de la oreja. Tu perro sacudirá la cabeza, haciendo que salga la cera y el exceso de solución limpiadora. Luego, toma una almohadilla de algodón o un paño, humedécelo con solución limpiadora y limpia suavemente el pabellón auricular externo. Nunca insertes nada pequeño, como un bastoncillo de algodón, en el canal auditivo de tu perro.

Foto cortesía de Carla Robertson

Si esta limpieza no disminuye su picazón, o la oreja se ve excesivamente cerosa, con sangre o inflamada, esto podría ser un signo de una infección de oído. Haz que tu veterinario la examine para asegurarte de que tu perro no necesite antibióticos u otra medicación. Si te das cuenta de que el proceso de limpieza de las orejas de tu perro está fuera de tu zona de confort, la mayoría de los veterinarios ofrecen este servicio a un precio bajo.

Por supuesto, si encuentras que cualquiera de estas cosas es demasiado difícil, siempre puedes solicitar la ayuda de un profesional. Si bien es posible que seas capaz de acicalar a tu Border Collie en tu hogar, no siempre es fácil manejar a un perro inquieto, especialmente por tu cuenta. Tanto un peluquero canino como un veterinario pueden proporcionar muchos de estos servicios por un costo. Puede ser frustrante tratar de cortar sus uñas cuando sigue retirando su pata en el momento exacto en que estás listo para recortar. Los profesionales tienen mucha experiencia y pueden encargarse de las necesidades de acicalamiento de tu perro cuando es demasiado para que tú lo manejes.

Un poco de acicalamiento de forma regular puede mantener a tu perro luciendo hermoso y sintiéndose saludable. Simplemente cepillar a tu perro mientras te sientas en el sofá y ves la televisión puede ser una experiencia agradable que le demuestra que te preocupas por él, al mismo tiempo te aseguras de que su pelaje luzca bien. Además, poder tocar la boca y las patas de tu perro es una parte importante para lograr que él se sienta cómodo contigo y confíe en ti. Los Border Collies son perros hermosos que quieren verse y sentirse lo mejor posible, y al dedicar unos minutos al día a acicalarlos, los harás mucho más seguros.

CAPÍTULO 16
Cuidados de Salud

No hay nada más importante que la buena salud de tu Border Collie. Un Border Collie saludable puede vivir hasta los doce años, en promedio, y querrás que cada uno de esos años esté lleno de felicidad y diversión para él. La prevención y ser proactivo cuando se trata de la salud de tu perro deberían mantener a tu Border Collie saludable hasta la vejez.

Como se discutió en los capítulos sobre cachorros, ir al veterinario puede ser atemorizante para un perro. Pero si recuerdas condicionar a tu perro para que permanezca tranquilo en el veterinario, tendrá una experiencia mucho mejor. Cuando prepares a tu Border Collie para una visita al veterinario, practica tocando los dientes, orejas, patas de tu perro y pasando tus manos por todo su cuerpo para que no se asuste cuando un extraño lo haga. Buenas habilidades de socialización también pueden ayudarle en este escenario.

Dolencias Comunes en Mascotas

Debido a que los Border Collie son curiosos y les gusta olfatear en lugares desagradables, es posible que tengas que lidiar con parásitos. Con la prevención adecuada, podrías evitar por completo algunas de estas desagradables criaturas. Pero los perros serán perros, y si un chupasangre se adhiere a tu cachorro, querrás ocuparte de ello inmediatamente.

Si notas que tu perro está particularmente con comezón, especialmente después de estar al aire libre o con otros perros, las alergias podrían ser la causa. Sin embargo, generalmente hay un culpable más siniestro en juego. Las pulgas son insectos diminutos que se multiplican rápidamente y pueden hacer que tu perro (y tú) sea absolutamente miserable. Si tu perro tiene pulgas, debes eliminar estos insectos en todas sus etapas de vida. Esto es más difícil de lo que parece porque los huevos diminutos pueden esconderse en las grietas de los pisos y eclosionar cuando llegue el momento adecuado.

Para eliminar las pulgas de tu perro, tendrás que hacer varias cosas diferentes. Primero, usar un champú antipulgas matará la mayoría de las pulgas y huevos que viven en él. Luego necesitarás un peine para pulgas

Foto cortesía de Jill Matthews

y varias horas para sentarte y peinar todo su pelaje y aplastar cualquier pulga que encuentres. Si no puedes eliminar las pulgas por tu cuenta, es posible que necesites un repelente de pulgas recetado por tu veterinario.

Luego debes limpiar tu hogar. Lava toda la ropa de cama con agua caliente, aspira todas las superficies que tu perro frecuenta. Probablemente necesitarás usar un aerosol pesticida o una bomba insecticida para deshacerte de las pulgas restantes. Si una infestación es lo suficientemente grave, podría pasar semanas antes de que logres detener el ciclo de vida de las pulgas.

Las garrapatas son otras criaturas que aparece en los meses cálidos. Estos parásitos tienden a vivir en hierba alta o áreas boscosas y se adhieren a tu perro, chupando su sangre hasta que se han saciado. Algunas garrapatas pueden portar enfermedades que pueden transmitirse a tu perro.

Tanto las pulgas como las garrapatas se pueden prevenir con un medicamento oral o de aplicación tópica, mensual. Estos medicamentos pueden repeler o matar a estos parásitos en el momento en que muerden a tu perro. Es importante aplicarlos todos los meses, o de lo contrario tu perro volverá a ser susceptible a pulgas y garrapatas.

Los parásitos internos son otro problema común en los perros, principalmente porque aparecen por comer prácticamente cualquier cosa desagradable que encuentren en el suelo. Los gusanos intestinales pueden enfermar gravemente a tu perro. Algunos síntomas generales son diarrea, vómitos y pérdida de peso. Por supuesto, también puedes encontrar gusanos en las heces. Tu veterinario querrá una muestra de heces para diagnosticar el tipo de gusano que tiene tu cachorro y así recetar el medicamento más efectivo.

El gusano del corazón es otro parásito que puede ser mortal en los perros. Las larvas entran al torrente sanguíneo a partir de la picadura de un mosquito y llegan al corazón, donde luego se desarrollan como gusanos. Si no se trata inmediatamente, el gusano del corazón puede causar la muerte; sin embargo, es extremadamente prevenible. Después de un análisis de sangre inicial para verificar la presencia de gusanos del corazón, tu veterinario te recetará un medicamento preventivo mensual que evitará que los gusanos del corazón se desarrollen en tu perro, en caso de que reciba una picadura de un mosquito infectado.

Dolencias Comunes en los Border Collie

Aunque una buena crianza puede eliminar muchas enfermedades genéticas, hay algunas que son comunes en los Border Collie. Un buen criador debería mostrarte pruebas de que sus perros no sufren estas enfermedades, pero es buena idea estar al tanto de estas dolencias para poder brindarle a tu perro el cuidado que necesita. Por supuesto, tu Border Collie puede pasar toda su vida sin sufrir nunca estas condiciones, pero desafortunadamente, muchas condiciones se manifiestan en la edad adulta.

La displasia de cadera es una dolencia común en razas de perros grandes. Esto ocurre cuando la articulación de la cadera no encaja correctamente. Esto puede provocar daño articular, dolor y cojera. Algunos síntomas incluyen un andar anormal, cojera, dificultad para levantarse desde una posición de reposo y dolor con el movimiento. Para diagnosticar esta condición, tu veterinario tomará una radiografía de la cadera afectada. Los suplementos para las articulaciones, medicamentos para el dolor y antiinflamatorios pueden ayudar con el dolor. En algunos casos, puede ser necesaria una cirugía.

Los problemas oculares también son muy comunes en los Border Collie. La anomalía ocular del Collie es una enfermedad genética que ocurre en diferentes tipos de Collies y otros perros pastores. Esta enfermedad puede causar pérdida de visión en perros y, a menudo, ceguera total. Típicamente, esta enfermedad en particular puede diagnosticarse cuando el Border Collie todavía es un cachorro.

*Foto cortesía de
Marion Mushardt*

Esta raza también sufre comúnmente de Atrofia Progresiva de Retina. Esta condición también se detecta durante exámenes a temprana edad. Los síntomas pueden variar desde ceguera nocturna hasta otros grados de discapacidad visual. Si bien no hay cura para estas condiciones oculares, generalmente no afectan la calidad de vida del perro. De hecho, con el deterioro progresivo de los ojos, es posible que ni siquiera notes una diferencia debido a que tu inteligente perro se adaptará rápidamente a la pérdida de visión.

Los Border Collie también pueden sufrir de sensibilidad al ruido hasta el punto de desarrollar fobias. No es seguro si este rasgo es heredado o adquirido en la vida temprana, pero puede dificultar la realización de actividades normales y cotidianas con tu perro. Muchos perros se asustan con ruidos fuertes. De hecho, las clínicas veterinarias están llenas de dueños de perros que buscan sedantes para sus cachorros durante la temporada del Día de la Independencia porque los fuegos artificiales son muy angustiantes. Muchos dueños de perros pueden encontrar a sus perros acurrucados en un rincón durante una tormenta eléctrica. Pero a veces este miedo puede extenderse a cualquier sonido extraño, como un automóvil con el escape roto o un camión de basura retrocediendo. Si este miedo se vuelve lo suficientemente grave, podría impedir que tu Border Collie salga a caminar o incluso que salga de casa para ir al baño.

Un miedo prolongado como este no puede ser medicado ya que los veterinarios típicamente dan sedantes para un uso a corto plazo, como para un espectáculo de fuegos artificiales o un viaje estresante en automóvil. En cambio, tendrás que trabajar con tu Border Collie para disminuir sus miedos. Si tu perro tiene un cierto ruido que lo asusta, intenta encontrar una grabación del mismo. Reproduce el sonido a niveles bajos mientras él come su cena, luego aumenta progresivamente el volumen hasta que el sonido esté a un nivel razonablemente alto y sea capaz de permanecer tranquilo.

Para un perro ansioso, querrás seguir trabajando en la socialización y visitando nuevos lugares. Comienza lentamente y recompensa cada logro con una golosina. Si tu nervioso perro no ha podido salir a caminar por miedo pero logra dar la vuelta a la manzana, dale muchas golosinas y elogios. Sigue trabajando con tu perro y no cedas ante sus miedos. En cambio, enséñale que no tiene nada de qué preocuparse y que tú siempre lo mantendrás a salvo.

Foto cortesia de Elizabeth Windle

Tratamientos Holísticos y Suplementos

Mientras que algunos dueños de perros confían en la ciencia veterinaria moderna, otros optan por un enfoque holístico. En general, el tratamiento veterinario holístico se centra en curar dolencias a través de tratamientos "naturales" en lugar de productos farmacéuticos. Si bien algunas dolencias potencialmente pueden curarse con compuestos que crecen en la tierra, no es apropiado para todas las situaciones.

Lo que muchas personas olvidan es que el hecho de que un tratamiento se encuentre en la naturaleza no significa necesariamente que sea seguro. Si tu perro tiene una condición no diagnosticada o está tomando ciertos medicamentos, algunos remedios herbales pueden causar interacciones peligrosas. Esto no quiere decir que toda la atención veterinaria holística sea pseudociencia, pero ten en cuenta que pueden surgir complicaciones. Si estás pensando en usar un remedio natural, habla con tu veterinario. Puede darte consejos útiles y hacer recomendaciones. Recuerda, tu veterinario quiere lo mejor para tu Border Collie y hará recomendaciones basadas en su experiencia.

Los suplementos a menudo son controvertidos cuando se trata de la salud de tu mascota. Aunque pienses que tu perro podría necesitar un multivitamínico para estar súper saludable, el alimento para perros contiene casi todo lo que necesitan. Si accidentalmente le das demasiadas vitaminas y minerales, puedes causarle una enfermedad grave.

Es mejor hablar con tu veterinario sobre los suplementos si crees que tu perro puede beneficiarse de probar uno. Por ejemplo, muchos veterinarios recomiendan suplementos para las articulaciones como primer paso si tu perro tiene problemas articulares. O, si tu Border Collie no se encuentra bien, tu veterinario puede encontrar una deficiencia de nutrientes en su sangre u orina que puede remediarse con un determinado suplemento. Todos quieren que su Border Collie sea lo más saludable posible, pero cuando se trata de alimentar a tu perro con una selección de píldoras y tabletas, sé cauteloso. Consulta primero a un veterinario.

Vacunaciones

Antes de llevar a tu Border Collie a casa, ya debería haber pasado por su primera ronda de vacunaciones. Algunas enfermedades contra las que los veterinarios vacunan son hepatitis, rabia, parvovirus, moquillo y bordetellosis. Todas estas enfermedades son muy contagiosas y pueden tener efectos perjudiciales en tu perro si se enferma. Dependiendo del calendario de vacunación de tu veterinario, tu perro será vacunado varias veces durante los primeros años. Algunas vacunas, como la rabia, son requeridas por ley y tienen un calendario que varía según las regulaciones municipales o nacionales.

Las vacunaciones son necesarias por múltiples razones. En primer lugar, si tu perro no es susceptible a cierta enfermedad, puedes respirar tranquilo sabiendo que él nunca tendrá que sufrir un mal caso de tos de las perreras. El precio de una vacuna no es nada comparado con lo costoso que puede ser hospitalizar a tu perro.

La vacunación también es importante cuando se trata de la erradicación de ciertas enfermedades. Cuantos más perros sean inmunes a una enfermedad, menos perros habrá que puedan propagarla. Así que cuando vacunas a tu perro, potencialmente estás salvando las vidas de otros perros que son demasiado jóvenes o que de otra manera no pueden ser completamente vacunados.

Tu Perro Senior

Aunque apenas parece posible, llegará un día en que tu Border Collie comience a disminuir su ritmo. La edad avanzada en estos perros comienza alrededor de los ocho años, pero puedes encontrar que tu Border Collie todavía estará lleno de energía juguetona en ese momento. Alrededor de este tiempo, notarás que las necesidades de alimentación y ejercicio de tu perro cambiarán, y querrás estar consciente de esto. Los perros mayores requieren menos calorías, así que si notas que tu perro viejo está engordando, deberás reducir gradualmente su comida hasta que su peso se estabilice.

También notarás que tu perro se cansa más fácilmente. Continuar con el ejercicio es importante para mantener a un perro mayor feliz y saludable, pero podrías necesitar cambiar la forma en que hace ejercicio. En lugar de salir a correr por el vecindario, reduce la velocidad a un agradable paseo tranquilo. Los juegos y actividades que requieren escalar o saltar podrían ser reemplazados por juegos en los que las cuatro patas permanezcan en el suelo. Los perros viejos no son tan resistentes como los cachorros jóvenes, por lo que una lesión menor mantendrá a un Border Collie mayor fuera de juego por más tiempo.

Es probable que tu Border Collie mayor pase más tiempo durmiendo y acurrucándose junto a ti, y eso está bien. Estos son años especiales para pasar con tu Border Collie, ya que no son una bola de energía

Foto cortesía de
Dawson McClements

salvaje. Sin embargo, incluso los perros viejos querrán jugar. Proporcionar juegos de rompecabezas mantiene la mente de un perro viejo aguda y activa.

En algún punto, llegará el momento en que la salud de tu Border Collie esté en declive. Si bien siempre es triste ver que falla la salud de tu perro, hay algunas señales de que es hora de despedirse. Si tiene tanto dolor que no puede caminar, no puede salir y ponerse de pie para ir al baño, o no puede comer o beber, podría ser hora de despedirse. Puede ser difícil perder a tu mejor amigo peludo, pero puedes estar mostrándole un acto de bondad si su sufrimiento es demasiado grande.

Sin embargo, consulta con un veterinario antes de decir el último adiós. A veces, los perros viejos tienen condiciones no diagnosticadas que se atribuyen a la vejez. Si hay un tratamiento para estas enfermedades, podrías comprarle a tu Border Collie un poco más de tiempo.

Un chequeo anual puede hacer maravillas por la salud de tu mascota. De esta manera, tienes una buena línea de comunicación con tu veterinario para que puedas hacer preguntas sobre cosas que han surgido recientemente. Con visitas regulares, tu veterinario podrá detectar diferencias en la salud de tu perro en comparación con su última visita. Cuanto antes se detecte una dolencia, mejor será el resultado.

Los Border Collie son una absoluta alegría como mascotas. Estos perros son hermosos, inteligentes y divertidos. Les encanta poner a prueba a sus dueños y tomar las decisiones, pero al final del día, son capaces de seguir órdenes. Nunca encontrarás otros perros como ellos, ya que son capaces de correr un minuto y al siguiente acurrucarse a tu lado.

Todo lo que tu Border Collie quiere es un propósito. Aunque puede volverte loco cuando esté aburrido, es asombroso verlos trabajar. Ya sea que el "trabajo" de tu Border Collie sea cuidar el ganado, ahuyentar a los conejos y pájaros de tu jardín, o simplemente ser un compañero amoroso, encontrarás que tu Border Collie hará cualquier cosa por el amor y el afecto con el que tú le pagas.